LA BARONNIE DE LA BROSSE

LA

BARONNIE

DE

LA .BROSSE

PAR

M. TRUCHARD DU MOLIN

LE PUY

IMPRIMERIE RÉGIS MARCHESSOU

23, BOULEVARD CARNOT, 23

1900

LA BARONNIE
DE LA BROSSE

Le château de la Brosse (en latin *Brossia, Broccia* et *Brossa*) est situé à 4 ou 5 kilomètres au nord-est de la petite ville de Tence. On y retrouve encore la maison seigneuriale ayant conservé sur son côté nord une partie de ses créneaux, sa grande tour et quelques pans de murailles, restes de sa vieille enceinte. La chapelle dédiée à Sainte-Marguerite martyre et à Saint-Denis de Paris, fut entièrement ruinée en 1793 ; et c'est à peine si quelques débris épars indiquent la place qu'elle occupait (1). Là, comme ailleurs suivant l'usage des temps anciens, ceux qui cultivaient les campagnes voisines étaient venus s'abriter sous la sauvegarde du haut baron. Un village assez considérable avait été créé autour de son manoir et l'histoire locale mentionne et l'entière conservation du château témoigneraient au besoin que les paisibles habitants des chaumières gardèrent bon souvenir à leur maître de la longue protection et des nombreux bienfaits qu'ils en avaient reçus ; et qu'au moment de la tourmente révolutionnaire, ce ne fut pas sans regret qu'ils le virent prendre le chemin de l'exil, d'où

---

(1) Nous croyons que deux chapelles ont existé ou successivement ou simultanément à la Brosse. L'une dans l'intérieur du château ; l'autre se trouvait placée en dehors de l'enceinte ; ce sont les débris de cette dernière que l'on voit encore épars sur le communal qui s'étend devant la porte du château.

1

ni lui ni aucun des siens ne devait jamais revenir. Aujourd'hui
encore, ils parlent avec estime et affection, même avec une
sincère gratitude de la bonté de ceux qui les gouvernèrent, surtout à cause des trois jours de foire qui reviennent chaque
année leur apporter un peu de vie et de bien être, anciens pri-
vilèges que les seigneurs d'autrefois leur avaient obtenus.

Quoique la maison de la Brosse porte dans les vieux titres
le nom de château (*castrum fortalicium, domus fortis*) nous ne
pensons pas qu'elle ait jamais été environnée et munie de bien
considérables, peut-être même de véritables et proprement
dites fortifications. Il n'y avait là ni montagne escarpée à
défendre ni de passage de route ou de rivière à surveiller, ni
moulin banal à protéger. Aussi dans nos chroniques ne parle-
t-on pas d'assauts ou de batailles ou d'escarmouches livrés
auprès de ses remparts. Le simple monticule sur lequel se
dresse la haute tour était facilement abordable et on peut dire
que presque certainement celui qui le premier ordonna de la
construire ne se proposa pas de créer en ce lieu ni un point
d'attaque, ni un poste devant offrir à l'ennemi une longue
résistance. L'idée première de sa construction, on la trouvera
plutôt si on jette un regard vers l'horizon qui s'ouvre du côté
du sud-est, et va se prolongeant jusqu'à une distance de plus
de trois lieues et là se déploie en un vaste demi-cercle que
forment les montagnes servant de barrières entre notre Velay
et le Vivarais.

Quelques auteurs dont bien volontiers nous acceptons l'opinion, disent que nos anciens châteaux forts, au moins dès leur
première origine ne furent pas tous des postes militaires destinés soit à l'attaque contre l'ennemi, soit à la défense du territoire. Il y en eut plusieurs qui durent simplement et sans
aucune autre pensée d'ambition succéder à ces hautes tours
disséminées dans toute la Gaule, existant déjà à l'époque de la
conquête romaine, ayant sans doute aussi continué d'exister
plus tard, et du haut desquelles au moyen de signaux noc-
turnes, nos ancêtres se communiquaient rapidement la nou-

velle d'un soulèvement national ou d'une invasion ennemie. Or, pour recevoir et transmettre ces signaux, la tour de la Brosse était placée sur une éminence on ne peut plus favorable. Elle avait en vue et dominait tout le vaste mandement de Vieillarmat *(vetus armatum, vel vetus heremus)* espèce de désert autrefois d'une grande étendue, ayant peu d'habitants, couvert de forêts, et où l'on dut établir dès le principe une colonie de vétérans, soit pour le mettre en culture, soit afin de garder les défilés et les gorges des montagnes par où les Helviens qui nous furent presque toujours hostiles, pouvaient faire irruption dans notre pays. Que des préparatifs viennent donc à se faire de l'autre côté des montagnes, que des rassemblements de troupes eussent lieu, qu'une guerre enfin parût imminente, et les signaux étaient donnés sur la tour de Romières vers le Pont de Mars, aperçus de Beaujeu et ils se transmettaient de là à la Brosse qui rapidement les communiquaient aux vedettes de Lapte, de Maubourg, de la Roche-en-Régnier et ainsi dans tous les lieux fortifiés de la province. Disons en outre que la première famille seigneuriale que nous allons trouver à la Brosse s'appelait de la Garde, nous ne la rencontrons malheureusement qu'au moment où elle va s'éteindre, à la fin du xiiie siècle, et nous ne savons pas si plusieurs autres de ses membres ne possédaient pas cette seigneurie longtemps avant celui dont nous parlerons bientôt. Mais, il n'en est pas moins vrai, et on le remarquera sans doute, que ce surnom de la Garde, s'accorde bien avec la destination première que nous avons donnée à la tour de la Brosse, et nous ne sommes pas sans l'espérance que quelque vieux titre viendra plus tard, ou confirmer ou rendre moins improbable, l'opinion que nous indiquons en peu de mots.

Le travail que nous présentons au lecteur, sur la baronnie de la Brosse, plusieurs motifs nous ont engagé à l'entreprendre.

Cette baronnie n'a pas, il est vrai, comme celle de Bouzols ou de la Roche-en-Régnier, qu'a si bien décrites M. du Molin, l'avantage d'avoir appartenu à nos rois, et à des ducs ou à des comtes et à des vicomtes qui tenaient de près à la famille royale. Il faudra bien par conséquent raconter ses faits et gestes sans pouvoir les relever et les grandir par des emprunts tirés de notre histoire générale, sans pouvoir procurer à notre notice cet intérêt et un peu de cet éclat qui environnent et accompagnent toujours les maisons princières.

Toutefois, sans être des plus illustres, les maîtres de la Brosse ne furent pas sans renommée et sans quelque gloire. Après les de la Garde et les Mallet, ces derniers d'origine foncièrement vellavienne, paraissent les Rochebaron-Ussom, les Lavieu-Poncins, les Artaud d'Apchon, que le Forez lui-même compte au nombre de ses plus célèbres familles, et que le Velay peut revendiquer à juste titre, en ce sens du moins qu'ils habitèrent longtemps le château de la Brosse et agrandirent beaucoup l'étendue du fief, en lui adjoignant la seigneurie de Beauzac et celle de Boucherolles ; en ce sens encore, qu'ils prirent une assez grande part aux affaires de notre pays, et donnèrent des abbesses et des religieuses à la maison de Bellecombe. Vinrent ensuite les Clermont-Chatte qui eurent cette baronnie pendant près de trois siècles et l'élevèrent au plus haut point de gloire et d'illustration où elle soit jamais parvenue.

L'éternel honneur de cette famille Clermont-Chatte et de la seigneurie dont elle fut si longtemps maîtresse, dit avec raison M. du Molin, est d'avoir donné deux hommes qui s'associèrent avec beaucoup d'éclat et un dévouement sans réserve aux grandes destinées que le règne de Henri IV ouvrait à la France. Deux formidables questions avaient été posées au xvi⁰ siècle par suite des progrès du calvinisme et de la fin prévue de la maison de Valois, et nulle part elles ne se débattirent dans une lutte plus ardente que dans le Velay. Chacun des deux partis invoquait un grand principe : celui-ci, l'unité religieuse, celui-là, la légitimité et l'indépendance nationale ; et par l'un comme par l'autre, afin de prévaloir, tous les moyens furent mis en jeu ; la guerre avec ses cruautés et ses surprises ;

les pamphlets et les prédications avec leur ironie, leurs invectives et leurs flammes ; tous les esprits s'émurent, tous les bras s'armèrent, une incroyable activité remua le pays, épuisa ses ressources, et tendit jusqu'à rompre les ressorts de son administration.

Fort heureusement qu'entre les deux opinions extrêmes, s'en forma une autre plus sage et plus modérée, celle des hommes dits politiques ou royalistes et c'est à eux qu'appartient la gloire d'avoir hâté les destinées de la France vers le but providentiel que Dieu lui marquait. Après l'assassinat de Henri III, que serait devenue la cause de la légitimité, si elle n'avait eu pour appui que Henri IV et ses seuls protestants? Que serait devenue aussi notre unité religieuse si on avait entièrement laissé le soin de la défendre à des ligueurs dont quelques-uns purent avoir dès le principe une intention droite et excellente, mais dont plusieurs ensuite, s'abandonnèrent à un zèle furibond et allèrent jusqu'à vouloir lui sacrifier l'indépendance nationale.

Il fallait donc pour maintenir et concilier ces deux grands principes et pour sauver la patrie commune des dangers qui la menaçaient, amener le chef de la maison de Bourbon à se convertir, mais sans le heurter de front, parce qu'il n'était pas homme à se laisser contraindre. Et ce fut l'ouvrage d'un grand nombre de catholiques sincères, qui, sous le nom de royalistes, se groupèrent autour de lui et s'efforcèrent de l'incliner peu à peu vers l'antique foi du royaume. Pendant quatre années ils acceptèrent tous les délais qu'il lui plût de fixer lui-même, ôtant ainsi par une sage et prudente longanimité, toute couleur de violence ; unis aux protestants, mais sans leur sacrifier le moindre article de leurs croyances religieuses ; ils firent le roi victorieux, et c'est le roi victorieux qui se rendit enfin à leurs instances, non pas comme à des ennemis imposant un traité, mais comme à des sujets fidèles dont il comblait les vœux, en se soumettant à leur foi qu'il avait pris le temps d'étudier et d'approfondir.

Or nous verrons dans la suite de cette histoire, deux frères de Clermont-Chatte, travailler et combattre généreusement pour préparer cet heureux triomphe : François, le baron de la Brosse y perdit la vie ; Aymar le gouverneur de Dieppe, y trouva une renommée aussi pure que brillante et glorieuse.

On pourrait bien encore pour jeter un peu plus d'éclat sur la baronnie de la Brosse, et l'élever jusqu'au premier rang parmi les autres baronnies diocésaines, faire mention de ce que disent certains auteurs, savoir : que dès la première formation des états du Languedoc, seule, entre toutes les seigneuries du Velay, elle donnait droit à son possesseur d'entrer avec le vicomte de Polignac à ces grandes et imposantes assemblées.

Mais il convient d'ajouter ou que ces auteurs sont allés trop loin, en accordant à la Brosse un tel privilège qui ne nous semble confirmé par aucun fait historique, ou que ce privilège, s'il existât jamais, fut absorbé ou usurpé bien vite par le seigneur de Polignac, puisque dans une discussion qui eut lieu devant les États en 1777, avec le baron de Saint-Haon, cet altier vicomte put dire que depuis trois siècles il avait seul droit de représenter aux États du Languedoc la noblesse de notre pays.

MAISON DE LA GARDE

I

MAISON DE LA GARDE

Plusieurs maisons anciennes qui possédèrent autrefois des seigneuries en Velay, portèrent le nom de la Garde, et on conçoit que dès les premiers temps de la féodalité, ce nom dût être assez fréquent, puisque le principal devoir imposé à tout noble ayant mandement et château fort, était de garder et de défendre une portion du territoire, et ceux qui l'habitaient contre les attaques de l'ennemi. Ainsi de 1343 à 1383, un Adhémar de la Garde, dit Parpalhon, était seigneur et maître du village de Paulin, près de Monistrol. De 1450 à 1530, Saint-Romain-Lachalm était le domaine, en grande partie du moins, d'une famille du Vernet, autrement appelée de la Garde, famille qu'on rattacherait facilement au moyen de quelques recherches, à une antique maison noble dont parle le Laboureur, aussi appelée du Vernet et qui était possessionnée au château de la Garde en Forez.

Mais existait-il un lien de parenté entre ces familles de Paulin ou de Saint-Romain, et celle qui va paraître à la Brosse? Nous l'ignorons encore. Et il sera, croyons-nous, très difficile de s'en assurer et de le savoir, parce que cette dernière, plus ancienne que les deux autres, ne nous apparaît qu'un instant, ne peut être saisie que par un seul de ses membres et au moment où elle va tomber en quenouille. Force nous sera par conséquent et malgré notre bon vouloir, de laisser cette question sans la résoudre, et de placer en cet endroit de notre notice, le nuage ou point obsur qu'il faut bien d'ailleurs se résigner à admettre au commencement de toute généalogie, si noble et si longue soit-elle.

Pons Imbert de la Garde

(De 1285 à 1309 au moins.)

L'existence de ce seigneur de la Brosse ne nous est connue que par le répertoire des hommages rendus autrefois aux évêques du Puy. Il en est parlé dans les articles : la Brosse, Monistrol et Arzon à propos de six reconnaissances qu'il fut obligé de faire. Malheureusement le texte l'appelle deux fois Pons Imbert de la Garde en 1285 et 1296, deux fois Imbert Bonhomme en 1294 et 1308 et deux fois Pons Imbert ou Imbert tout court en 1305 et 1309.

Nous pensons néanmoins que ces variantes doivent être mises sur le compte du copiste qui aura tantôt oublié le titre de noblesse de ce seigneur, et tantôt mal traduit l'épithète de *vir bonus* ou *vir nobilis* que certains titres probablement lui donnaient et nous nous déciderons à attribuer toutes ces appellations diverses, à un seul et unique personnage.

Pons Imbert de la Garde avait trois sortes de domaines nobles séparés entre eux par une distance assez grande. 1° La forteresse, le village et le mandement de la Brosse, mandement qui comprenait à cette époque, outre quelques hameaux voisins de la Brosse, Reyüx, Utiac, le Betz, Flaviac et Joux dans la paroisse de Tence, Chazeaux, le Cluzel et la Valette-Eynier de la paroisse de Saint-Jeures et quelques autres propriétés à Versilhac. 2° Des maisons et entr'autres, le four banal de Monistrol. 3° Enfin, des terres à Semendie et à Laluet dans le mandement d'Arzon.

Un mot sur le four banal de Monistrol, si modeste et si peu de chose qu'il soit, nous n'avons pas d'autres moyens que lui pour nous aider à voir clair dans la transmission qui se fit alors par une famille à une autre de la seigneurie de la Brosse. C'est qu'au moyen âge, la coutume s'était introduite, à partir du milieu du xiiie siècle, d'obliger les habitants des villes et des villages populeux à ne faire cuire leur pain que dans un seul four, que par suite on appelait banal. Ces fours étaient devenus des propriétés seigneuriales, ne pouvant être tenus et possédés que par des nobles titrés. Ces derniers eurent bien vite compris qu'ils trouveraient là un moyen facile et sûr de prélever des impôts et des redevances ; il est vrai que ce monopole ne contribua pas à les faire aimer beaucoup du peuple et qu'il leur procura plus d'insultes que d'honneurs et au moins autant de tracas que de profit, parce que l'impôt prélevé par eux s'attaquait aux aliments, aux matières premières, parce qu'il suffisait d'un peu de mauvais vouloir de la part du seigneur ou de son fermier de rendre cette mesure humiliante et vexatoire. Il est vrai encore qu'avec nos idées modernes, nous trouvons facilement ridicule de voir les seigneurs d'autrefois se constituer boulangers, meuniers, à l'exclusion de tous autres, dont ils ne voulaient pas admettre ni tolérer la concurrence.

Néanmoins, si l'on veut être de bonne foi, il semble que sur ce point comme sur beaucoup d'autres, on a exagéré les reproches qui étaient à faire aux seigneurs ; on peut bien concevoir l'établissement de ces fours et en justifier jusqu'à une certaine mesure, la légitimité. 1° Comme un droit d'impôt concédé au seigneur local pour le récompenser d'un service rendu à l'Etat et à la cause publique. Un grand nombre de pensions soit civiles soit militaires même aujourd'hui, n'ont pas une meilleure et plus rationnelle origine, quoique prises peut-être sur le peuple de manière à ne pas froisser autant son amour-propre. 2° Comme suite d'une convention par laquelle le seigneur prenait et s'imposait certaines charges par exemple celle de construire et d'obtenir le four banal, de fournir le bois et les autres dépenses nécessaires ; de veiller à ce qu'il n'y ait pas de fraude ni de supercherie, tant sur le poids que sur la qualité du pain... etc... (1) tandis que de leur côté, les habitants acceptaient l'obligation de ne pas faire cuire leur pain ailleurs que dans ce four, et cela moyennant une redevance et sous peine d'amende, s'ils y contrevenaient.

On pourrait bien encore ajouter que cette banalité devenue un droit seigneurial, était une servitude contraire à la liberté naturelle

(1) Nous avons trouvé un bail passé le 17 janvier 1562, par noble Jean Motier de Champetières, seigneur « de Paulin à Vital Tavernier, au sujet du four banal ou « Banyer de Monistrol. Le prix de ferme était de cinquante-six livres tournoises « chaque année pour ledit four, avec les ustensiles étant dedans, ensemble, tous et « chacuns, les profits et émoluments appartenant de ancienneté audit four : or voici « une des clauses du bail en faveur des habitants : « Il a été dit, arrêté et accordé que, « en cas que le pain des habitants de Monistrol, par la defaute dudit Tavernier ne « serait point cuit et qu'il fut gâté, les gens dudit Monistrol pourront porter le pain « au seigneur Champetières, lequel les remboursera de la valeur dudit pain ; et le dit « seigneur Champetières s'en pourra prendre pour se faire rembourser de la valeur « dudit pain audit Tavernier. Car ainsi a été dit, accordé de pacte exprès. »

et publique; mais il a existé et il existera toujours, quoiqu'on fasse, bien d'autres servitudes en ce genre; et en outre pour établir la banalité d'un four, il fallait dit un auteur, ou un titre clair et précis de la part du prince, ou un acte passé avec absolument tous les habitants.

On peut croire qu'il en avait été ainsi pour Pons-Imbert de la Garde ou son prédécesseur à l'encontre des habitants de Monistrol, puisqu'on ne fait remonter l'origine de ce four que vers le milieu du XIIIe siècle. Le seigneur de la Brosse rendit hommage du sien en 1308 et dans le courant de la même année, l'hommage en fut rendu aussi par Guigon-Mallet, lequel déclare que cette propriété lui venait de sa femme.

Que se passa-t-il donc à propos du four banal en 1308? Il y eut comme on parlait alors changement de vassal. Mais Pons-Imbert n'était pas mort puisque nous le retrouvons en 1309, il n'avait pas donné ni vendu soit à Guigon soit à son épouse, car Guigon alors aurait fait hommage en son propre nom. Il reste donc que cette mutation de vassal aurait eu lieu par suite du mariage de la fille de Pons-Imbert de la Garde avec Guigon-Mallet. Premier renseignement utile à notre histoire, que nous tirons comme on voit du four banal de Monistrol, et ce ne sera pas le seul.

Nous avons dit encore que Pons-Imbert avait des domaines à Lemandre et à Fabret, dans le mandement d'Arzon. D'où pouvaient donc lui être venues ces possessions lointaines qui furent bien longtemps un appendice de notre baronnie. Assurément on est libre de faire à cette question plus d'une réponse; voici celle que nous offrons au lecteur s'il veut l'accepter. C'est que le seigneur de la Brosse avait eu pour femme, une fille ou du moins une très proche parente du baron de Roche en Reynier, Guigon III ou Guigon IV, circonstance qui expliquerait et l'origine des biens possédés dans le mandement d'Arzon, et bien d'autres choses qui seront mentionnées tout-à-l'heure. Pour le moment bornons nous à en mentionner une : savoir que le 5 novembre 1295, Imbert de la Garde qui doit être le même seigneur de la Brosse, fut constitué arbitre du seigneur de Chalencon pour discuter la dot faite à Clémence de Roche, fille de Guigon de Roche et de Dauphine de Montboissier, dans son mariage avec Guillaume de Chalencon;

sorte d'arbitrage qui le plus souvent était confié aux proches parents des deux futurs et de leurs familles.

Donc en résumant tout ce que nous avons pu découvrir sur Pons-Imbert de la Garde, nous disons : 1° Qu'il gouverna la Brosse de 1285 à 1309, au moins. 2° Qu'il contracta alliance avec une demoiselle issue de Roche en Reynier. 3° Qu'il n'eut de son mariage qu'une seule fille dont le nom reste inconnu et qui, en épousant Guigon-Malet, transporta comme dot à son mari, d'abord le four banal de Monistrol, puis, comme héritage et à ses enfants, l'entière baronnie de la Brosse, avec ses possessions à Tence, à Monistrol et dans le mandement d'Arzon.

MAISON MALET

II

MAISON MALET

Nous voici en présence d'une famille entièrement et de tous points vellavienne ; comme il a été dit déjà, ayant possédé au commencement de l'ère féodale, la plupart de nos châteaux forts, et disséminé sur les clefs-de-voûte d'un grand nombre de nos églises, à Saint-Maurice et à Sainte-Sigolène et à Issingeaux, sur un grand nombre de nos de tourelles, à la Tour, au Besset près de Tence et à la Brosse, ses armoiries d'or au lion de sable armé, lampassé et couronné de gueule.

Le cartulaire de Chamalières en l'année 1099, mentionne les deux frères Dalmace et Sylvius Malet, qui semblent avoir été l'un et l'autre, membres du Chapitre du Puy sous l'évêque Adhémar. En 1163, le même manuscrit parle de Bertrand Malet et de Humbert son frère, tenant une place distinguée parmi les grands seigneurs qui couvraient de leur protection l'abbaye de Saint-Gilles.

Vers les premières années du xiiie siècle un Bertrand Malet était religieux dans cette même abbaye. L'histoire de la baronnie de Roche nous montre en 1267, un Pierre Malet, chevalier, figurant parmi les témoins qui assistèrent à l'hommage rendu par Guigon IV, baron de Roche à Aymar de Poitiers : et le xiiie siècle ne touchait pas encore à sa fin et notre histoire locale se dégageait et sortait à peine des nuages obscurs qui recouvrent ses premières origines, que nous trouvons cette maison déjà fort puissante et possessionnée, nous venons de le dire, à la tour de Sainte-Sigolène, à Maubourg, à Chabrespine, au Besset, dans le mandement de Veillarmat, à la Brosse et à Lapte peut-être.

En adoptant pour chef de cette maison Pierre Malet, le témoin de l'hommage rendu en 1267, nous lui donnerons pour enfants : 1° Jousserand Malet, dont les héritiers prirent pour leur part la Tour et Maubourg et la gardèrent jusqu'en 1530 environ ; 2° Un autre Jousserand, abbé de Saint-Pierre-Latour et chanoine de l'Église du Puy ; 3° Enfin Guigon Malet, celui dont nous avons fait déjà le gendre de Pons Imbert de la Garde, baron de la Brosse.

Guigon-Mallet. Bien que notre notice présente ici une malencontreuse lacune de 1309 à 1319 et que nous ayons grande envie de la combler au moyen de ce noble rejeton de la maison de la Tour Maubourg, nous n'osons pas affirmer parce que nous ne le savons pas d'une manière sûre, qu'il ait été seigneur de la Brosse. Pons-Imbert de la Garde ayant pu vivre autant que son gendre à peu près jusqu'en 1319 et transporter son héritage de la Brosse et d'Arzon sur la tête de son petit-fils dont nous parlerons tout à l'heure. Mais il est certain du moins qu'en 1308, Guigon-Malet tenait et du chef de sa femme, le four banal de Monistrol que Pons-Imbert avait reconnu en 1285 et même en 1308 ; et c'est pour ce motif que nous avons fait du premier le gendre du second. A ce titre, et par son épouse, Guigon-Malet aurait eu une alliance de parenté assez étroite avec la famille de Roche-en-Reynier, puisque nous avons supposé plus haut que sa belle-mère en était sortie. Aussi le voyons-nous, en 1309, le mercredi après la fête des apôtres saint Pierre et saint Paul, servir de témoin à un hommage rendu à l'évêque du Puy par Guigon V, seigneur de Roche, et en 1310 sous le nom de noble et discret homme et chevalier, intervenir dans la composition d'un différend qui s'était élevé entre Guigon, baron de Roche-en-Reynier et les hommes de Roche au sujet de la coupe des arbres dans la forêt de Mionne.

Nous pensons que Guigon-Malet eut entr'autres enfants : 1° Sylvion Malet, qui va suivre et porter le titre de seigneur de la Brosse, de maître du four banal de Monistrol et des propriétés de Semendre au mandement d'Arzon, dès 1319. 2° Bertrand, alias Renan de la Brosse qui, en 1344, fut exécuteur des dernières volontés de Guigon V, seigneur de Roche, ainsi qu'un Symon (pour Sylvion sans doute), seigneur d'Issingeaux.

Le lecteur fera bien de remarquer en passant toutes ces accointances, et de Guigon-Malet et de Sylvion et de Bertrand de la

Brosse, avec la maison de Roche, accointances qui confirment ce que nous avons dit déjà, et ce que nous aurons à répéter encore.

Sylvion Malet
(De 1319 à 1344.)

Le répertoire des hommages faits aux évêques du Puy, affirme dans quatre reconnaissances différentes, que de 1319 à 1343 au moins, Sylvion Malet posséda : 1° La forteresse de la Brosse avec son mandement qui comprenait les mêmes villages dont il a été parlé en 1285, à propos d'Imbert de la Garde ; 2° Le four banal et deux maisons à Monistrol, plus tout ce qu'Imbert de la Garde, dit le texte, avait autrefois dans le diocèse du Puy, et excepté ce que le seigneur de Roche donna à son père ; 3° Le village de Semendre au mandement d'Arzon au moins jusqu'à l'année 1343, Sylvion assure qu'il avait donné en dot à sa fille, ce qui lui appartenait autrefois dans ledit mandement d'Arzon.

Un vieux terrier du prieuré de Tence déposé aux archives de l'Hôtel-de-Ville de Lyon et étudié par M. Alexandre de Lagrevol ajoute que le grand-père de Sylvion Malet, seigneur de la Brosse, s'appelait Pontius Maleti (peut-être le parchemin latin disait-il simplement P. Maleti qui signifierait Pierre tout aussi bien que Ponce). En outre, Le Laboureur, dans ses Mazures, désigne Sylvion en 1344 sous le nom de Sylve, seigneur de la Brosse, Vissa ou Vissac et sa fille, sous le nom de Maragde de Vissac. Enfin, aux termes d'un acte du 26 mai 1329, Simon Malet (écrit pour Sylvion sans doute) seigneur d'Issingeaux, aurait reçu de Bernard, évêque du Puy, la terre et la baronnie de la Tour, avec les fiefs et hommages qui en dépendent à titre d'échange.

Nous croyons avoir réuni absolument tous les faits qu'il nous a été possible de découvrir sur le compte de Sylvion, et de tous ces faits puisés à des documents dignes de foi nous allons tirer quelques conséquences qui donnent à nos précédentes hypothèses une certaine probabilité historique. C'est que :

Sylvion Malet était le petit-fils de Ponce ou Pierre Malet ; le vieux terrier du prieuré de Tence le dit en termes précis : et il descendait de ce Pierre Malet par Guigon Malet ; sans cette filiation

on ne comprendrait pas qu'il fut maître en 1319 du four banal de
Monistrol, que Guigon possédait en 1308.

Sylvion fut héritier de Pons Imbert de la Garde, le répertoire
laisse peu de doutes à cet égard, si toutefois il ne le déclare pas
expressément dans l'hommage de 1343 et l'héritage lui vint par sa
mère, épouse de Guigon au nom de laquelle ce même Guigon
reconnaissait le four banal de Monistrol en 1308, ce four que Pons
Imbert avait reconnu en 1285 et 1308 et que Sylvion reconnaîtra
en 1319.

Sylvion avait un lien de proche parenté avec la famille de Roche
en Reynier, puisque, dit le répertoire, le seigneur de Roche avait
donné à son père des biens qui échappaient au haut domaine de
l'évêque du Puy, puisqu'en 1344, il figure parmi les exécuteurs du
testament de Guigon V baron de Roche, puisque Le Laboureur
l'appelle seigneur de la Brosse et de Vissac, et sa fille Maragde de
Vissac, et que Vissac était une maison d'Auvergne ou Guigonnette
d'Arlenc, fille de Béatrix de Roche, fille elle-même de Guigon III
de Roche, avait porté toute sa fortune.

Sylvion eut une fille déjà mariée en 1343, et à laquelle, suivant
le répertoire, il avait déjà donné en dot certaines propriétés qu'il ne
reconnaissait plus tenir de l'évêque du Puy dans l'hommage de
cette même année 1343.

N'eût-il que cette fille pour unique héritière ? Nous ne saurions
l'affirmer, parce qu'en 1344, époque où ce baron de la Brosse dis-
paraît, et 1363, année où reparaîtra un nouveau maître de sa seigneurie il y a un espace de vingt ans qui laisse le champ libre, ou
à Sylvion lui-même si l'on suppose qu'il eût une longue vieillesse,
ou à un sien fils qui n'aura pas eu de postérité, ou enfin à son
gendre dont les anciens titres ne nous auraient pas encore dit le
nom. Mais toujours est-il qu'à partir de 1342, Semendre, dans le
mandement d'Arzon, était devenu la propriété des Rochebaron-
Usson, et que cette même famille tenait la Brosse et le four banal
de Monistrol au moins en 1363. C'est donc en étudiant les Rochebaron-Usson que nous pourrons trouver la suite un instant inter-
rompue des seigneurs de la Brosse.

MAISON DE ROCHEBARON USSON

III

MAISON DE ROCHEBARON-USSON

Partant de cet axiome qu'il ne faut pas dépouiller Saint-Paul
même pour habiller Saint-Pierre, nous laissons à la seigneurie de
Beauzac, très longue il est vrai, quant à la suite de ses anciens
seigneurs, mais aussi passablement maigre pour ses autres détails,
les Rochebaron-Usson; et nous ne prêterons à la baronnie de la
Brosse que l'exposé bien succinct de leur généalogie. Cette famille
d'ailleurs n'ayant possédé que pendant vingt ou quarante ans, tout
au plus, le château dont nous écrivons l'histoire, il ne convient pas
de lui donner une place plus considérable de notre notice. Voici
donc le tableau généalogique de Rochebaron-Usson, autrement
appelé Rochebaron Gotolent, depuis leur première origine jusqu'à
celui d'entr'eux qui épousa la fille et héritière de Sylvion Malet,
et fut peut-être pendant quelques années, lui-même, baron de la
Brosse, avant de laisser cet héritage à sa fille :

Pons de Rochebaron, seigneur de Rochebaron, vivait de 1100 à
1170 ; il avait épousé dame Gotolende, veuve en 1170. D'où :

1° Lambert, qui continua la branche des Rochebaron de Bas.	2° Guigues, qui fit la branche des Rochebaron-Usson : à Usson, à Beauzac et à la Brosse. Il épousa demoiselle N. d'Usson. D'où.

Dalmace de Rochebaron-Usson qui vécut en 1200 et plus. De son épouse dont le nom est resté inconnu, il eût.

B(ertrand) de Rochebaron-Usson, seigneur d'Usson et de Beauzac en 1231. Il épousa une demoiselle du nom de (Béatrix) et en eut un fils nommé P. et peut-être un autre appelé Guillaume. Donc de Bertrand nous ferons descendre :

1° Ponchon de Rochebaron-Usson, vivait en 1248. Il n'est pas sûr quoi qu'en dise le Laboureur qu'il ait eu de postérité.	2° Guillaume de Rochebaron-Usson, seigneur d'Usson, de Beauzac. Certains auteurs lui donnent pour épouse demoiselle Amphélise d'Alègre qui testa en 1269; d'autres documents le citent comme père de Jousserand qui suit et de Dalmace.
Jousserand de Rochebaron-Usson seigneur d'Usson, de Beauzac et de la troisième partie de Beaujeu près Tence,	Dalmace de Rochebaron-Usson en 1299. D'où deux filles Alice et Alaïs.

Il vivait en 1259, 1263 et 1274. Nous ne connaissons pas son épouse, mais il eut pour successeur, Arnaud de Rochebaron-Usson, seigneur d'Usson, de Beauzac, de Boucherolles, dans la paroisse de Sainte-Sigolène. Il est cité en 1307, 1308, 1319 et 1341. Il avait épousé non pas Maragde de Vissac et la Brosse comme dit Le Laboureur, mais une dame du nom d'Alice qui semble lui avoir apporté en dot dès 1308, la seigneurie de Boucherolles, et avoir appartenu à la famille des Tronchet. D'où :

1° Jousserand Bilhard, de Rochebaron-Usson, seigneur d'Usson, Beauzac, Boucherolles, la Brosse peut-être, et dont nous allons parler. Parmi les nombreux surnoms qu'il semble avoir porté, nous ferons choix de celui de Brillant.	2° Un Guillaume de Rochebaron-Usson maître de Boucherolles en 1342, mais qui pourrait bien n'être que Jousserand Bilhard auquel tant de surnoms furent donnés.

Brillant de Rochebaron-Usson

(Baron de la Brosse, peut-être, et certainement seigneur d'Usson, de Beauzac et Boucherolles de 1341 à 1362.)

Nous avons dit déjà que Sylvion Malet seigneur de la Brosse fit à l'évêque du Puy en 1343, un hommage dans lequel il comptait ce qu'il avait dans le mandement d'Arzon, donné en dot à sa fille. Or, le répertoire au mot Arzon, mentionne pour l'année 1342, la reconnaissance de Semendre, faite par Bilhard d'Usson, damoiseau, fils émancipé, et sa femme Girine. Girine était donc la fille de Sylvion Malet et Brillant de Rochebaron-Usson, son gendre.

Il est vrai que Le Laboureur veut donner cette fille de Sylvion qu'il appelle Maragde de Vissac, à Arnaud de Rochebaron pour épouse. Mais d'abord nous n'avons aucun motif pour ôter à Arnaud sa femme très légitime que le répertoire lui assigne en 1308 sous le nom d'Alice, et de plus, nous savons que Sylvion Malet vivait encore en 1344 et semble avoir été du même âge qu'Arnaud, ce qui n'est pas ordinaire aux beaux-pères vis-à-vis de leurs gendres.

Il est vrai encore que l'épouse de Brillant a nom Girine ou Garine et que la fille de Sylvion s'appelait Maragde, qu'il est bien dans notre intention de lui laisser pour un motif que nous dirons plus loin. Mais de Maragde à Garine, deux noms synonymes de Marguerite, la distance n'est pas si grande du moins dans les vieux titres, pour que la plume d'un copiste n'ait pu la franchir et traduire l'un par l'autre. Les copistes ont joué bien d'autres tours aux amateurs d'anciennes écritures, nous ferons donc de Brillant, alias Guillaume, alias Jousserand de Rochebaron-Usson, l'époux et non pas le fils de Maragde de Malet. Et, en supposant qu'il fut pendant quelques années baron de la Brosse, nous allons continuer son histoire.

On doit admettre qu'il vécut jusqu'en 1362. Dans l'histoire d'Auvergne par Baluze, t. 2. page 439, il est dit qu'en cette même année 1362, les lettres de rémission accordées par le roi Charles au vicomte de Polignac à cause de ses méfaits dans la guerre contre Armand de la Roue, parlent d'un Brillant de Rochebaron, chevalier, partisan dudit Armand de la Roue, ainsi qu'un Robert Dauphin de Saint-Ilpise ; et ces mêmes lettres ajoutent que lors de cette guerre qui occasionna beaucoup de pillages et de dévastations, Beauzac et Apinac furent ravagés par le vicomte. Arnaud, dans son histoire du Velay, mentionne bien ces guerres intestines, mais il ne rappelle ni Beauzac, ni le Brillant de Rochebaron dont nous avons fait un seigneur de la Brosse.

Quelle fut la postérité de Brillant qui était mort parait-il en 1363? S'il eût des fils, ils durent mourir jeunes et sans alliances puisqu'à cette même époque, nous voyons s'éteindre et entièrement finir les Rochebaron-Usson de la Brosse, comme s'étaient éteints les Malet et les de la Garde, et l'héritage y compris la baronnie fut laissé à deux filles Alise et Béatrix.

M. de la Tour-Varan, dans une de ses généalogies, dit que vers 1350 (mieux vaudrait vers 1360) Arnaud II, seigneur de la Roue,

épousa Alise d'Usson, fille et héritière de Guillaume de Rochebaron, dit Bilhard. Jusque-là nous sommes d'accord, et, cette circonstance même explique très bien pourquoi le seigneur de Beauzac
aurait pris parti pour son gendre et attiré sur son château la colère
de l'implacable vicomte. Mais dans une note M. de la Tour-Varan
ajoute : « Nous pensons qu'il y a là une erreur et qu'Alise au lieu
d'être fille de Guillaume, l'était de son fils Guillaume II, et qu'il
n'eut que cette fille qui porta la terre d'Usson dans la maison de
la Roue. » Franchement, nous aimons mieux pour notre compte,
le péché du généalogiste, que sa repentance, et nous persistons
d'autant plus à rejeter Guillaume II, dont nous n'avons que faire,
et à reconnaître Alise pour fille de Brillant, qu'elle eût une fille
nommée Maragde de la Roue, en souvenir sans doute de Maragde
Malet, sa grand-mère.

Quant à Béatrix d'Usson, la seule qui doive nous occuper, elle
hérita des biens de sa mère, c'est-à-dire de la Brosse, et du four
banal de Monistrol, et sur les biens de son père, laissant à sa sœur
Alise les biens d'Usson, elle garda Beauzac et Boucherolles. En
1363, elle rendit hommage, elle seule, de tous ces biens à l'évêque
du Puy. Mais avant 1373, elle avait donné sa main à un Pierre de
Sémur qui, par cette alliance devient baron de la Brosse.

MAISON DE SÉMUR

IV

MAISON DE SÉMUR

La famille de Sémur est originaire de la Bourgogne. Magny et Aintap dans leurs livres héraldiques lui donnent pour armoiries : d'argent à trois bandes de gueules ; et la Diana qui peut être désignerait mieux la branche possessionnée en Forez, lui fait porter : bandé d'or et de gueules. Comme les Sémur en latin *sine mura*, d'où nos vieux documents ont traduit *sine miere*, ont tenu fort peu de temps la seigneurie de la Brosse ; nous ne remonterons pas à leur première origine, et laissant de côté des recherches sans intérêt pour notre pays, nous nous contenterons de dire que Béatrix d'Usson, laquelle semble avoir rendu hommage, seule, en 1363, épousa bientôt après un membre de cette famille nommé Pierre, et en fit un baron de la Brosse, seigneur de Beauzac et de Boucherolles. D'où :

Pierre de Sémur et Béatrix de Rochebaron-Usson

(Seigneurs de la Brosse, Beauzac et Boucherolles, depuis 1373 à 1400 au moins)

Il est sûr par un terrier qu'en 1373, le seigneur de la Brosse et de Boucherolles possédait aussi Beauzac ; qu'alors Beauzac s'appelait Beauzac la Brosse, la Brosse Beauzac ; que le blé se mesurait à Beauzac suivant la mesure d'Usson et à Boucherolles suivant la mesure de la Brosse ; souvenir et conséquence sans doute de l'union qui avait existé autrefois, et duré assez longtemps entre ces quatre seigneuries, sous la domination d'un même maître. Le maître de la Brosse, Beauzac et Boucherolles en 1373, ne pouvait être que

Béatrix d'Usson et son époux Pierre de Sémur. C'est bien d'ailleurs ce qu'affirme le répertoire des hommages en les mentionnant deux fois, en 1373 et en 1383, comme ayant fait reconnaissance à l'évêque du Puy, pour la maison et forteresse de la Brosse, et ce, pour rendre soit *en paix soit en colère*, et aussi pour le four banal et certaines maisons de Monistrol.

Nous ignorons jusqu'à quelle époque vécurent Pierre et Béatrix, mais il semble qu'ils ne laissèrent qu'une seule fille et héritière nommée Alise, nièce et filleule sans doute de sa tante, la dame d'Usson et de la Roue. C'est par le mariage d'Alise de Sémur, que la Brosse avec deux appendices de Beauzac et de Boucherolles, va être transportée dans la famille des Lavieu-Poncins. On remarquera que par une sorte de fatalité, quatre fois dans l'espace d'un seul siècle, les familles maîtresses de la Brosse tombèrent en quenouille et se fondirent avec d'autres maisons.

MAISON DE LAVIEU PONCINS

V

MAISON DE LAVIEU-PONCINS

La famille des Lavieu-Poncins, qui portait d'or à la bande engrelée de sable, était déjà fort célèbre et possédait de grands biens en Forez, lorsqu'elle étendit son domaine jusque dans notre pays. Elle faisait son principal séjour au château de Roche la Molière, mais elle ne négligea pas pour cela son antique forteresse de la Brosse, et c'est même probablement à quelqu'un des seigneurs issus de cette maison, qu'il faut attribuer la restauration du manoir. Les créneaux en effet indiquent le genre d'architecture qui régnait vers la fin du xv⁰ siècle.

On peut voir dans les Mazures du Laboureur et dans l'histoire du Forez par la Mure, ce qui serait fort beau mais aussi fort long à raconter sur les anciens Lavieu, et sur la branche des Lavieu-Feugerolles. Mais à propos des Lavieu-Poncins les seuls qui nous intéressent, le lecteur nous permettra de nous en tenir à ces brièves indications.

Jean de Lavieu et Alix de Sémur

(Seigneurs de Roche-la-Molière et très probablement de la Brosse, Beauzac, Boucherolles, depuis 1400 à 1430.)

Jean de Lavieu dont nous parlons ici était fils de Hérard Sénectaire et de Catherine de Lavieu, fille elle-même de Briand de Lavieu. Nous ne savons pourquoi il lui prit fantaisie d'adopter exclusivement et le nom et les armes de sa mère. Il épousa Alise de Sémur et testa du vivant de sa femme en 1430, instituant pour héritiers et par portions égales, ses deux fils aînés Jean et Louis. D'autres lui donnent encore deux fils plus jeunes, Philippe et Briand, destinés à entrer dans les ordres, et deux filles, Blanche et Marie.

Bien que nous n'en ayons pas de preuve certaine, nous croyons qu'Alise de Sémur, l'épouse de Jean de Lavieu, était la fille de Pierre de Sémur et de Béatrix de Rochebaron-Usson, et puisque Louis de Lavieu fils et héritier de Jean, va paraître bientôt, quatre ans après le testament de son père, en qualité de baron de la Brosse, rien ne s'oppose à admettre comme nous l'avons fait, que Jean de Lavieu lui-même du chef de sa femme, fut pendant quelque temps, au moins après la mort de son beau-père et de sa belle-mère, baron de la Brosse.

Louis de Lavieu, baron de la Brosse

(Seigneur de Beauzac et de Boucherolles de 1430 à 1447.)

Louis de Lavieu porte tous ces titres dès l'an 1434 dans un acte par lequel il vendit à Robert Royrand, baron du Villard le domaine noble de Boucherolles : ce domaine qui avait été adjoint à la seigneurie de la Brosse, depuis plus d'un siècle, et qui en fut alors détaché.

Son épouse s'appelait Catherine de l'Espeisane. Il testa le 20 novembre 1447 et voulut être enterré dans l'Église des Cordeliers de Montbrison, où était le tombeau de sa famille. Nous apprenons par ce testament que les enfants qu'il avait de Catherine, étaient : 1° Claude de Lavieu son successeur à la Brosse et à Beauzac. Quelques auteurs le nomment fils-aîné ; Le Laboureur ne lui donne que le nom de puiné. Si Le Laboureur a raison, on pourrait retrouver l'aîné dans un Jean de Lavieu, seigneur de Roche la Molière qui ne laissa qu'une fille, Catherine, mariée à Jean d'Aulgerolles, seigneur de Salpagne, d'où Dauphin d'Aulgerolles, qui reçut un legs en 1479, dans le testament de Claude de Lavieu ; 2° Jeanne de Lavieu épouse de Jacques de Saussac, baron de Saussac et de Vertamise. Ils eurent pour enfants, Jean, baron de Saussac, et Bertrand de Saussac que le même Claude de Lavieu, en 1479, désigne et gratifie comme étant ses neveux ; 3° Louis de Lavieu, moine à Randams ; 4° Marguerite de Lavieu, religieuse à

Saint-André de Vienne ; 5° Philibert de Lavieu, moine à Savigny ; 6° Briançonne de Lavieu, religieuse à Beaulieu puis abbesse de Bellecombe en 1479 ; 7° Marie, religieuse dans le même monastère ; 8° Bertrand de Lavieu, chanoine de Lyon ; 9° enfin Jean de Lavieu, seigneur de la Pillonière.

Ce fut seulement le 8 décembre 1474, et sous l'épiscopat de Jean de Bourbon, que Briançonne de Lavieu prit possession de l'abbaye de Bellecombe. Jusqu'à cette époque et depuis 1447 au moins, année du testament de son père Louis, elle avait été religieuse dans la maison de Beaulieu en Forez. Sans doute que le crédit dont sa famille jouissait en Velay, la désignèrent comme abbesse à Bellecombe, afin qu'elle pût arrêter les mauvaises suites qu'avait eues pour cette maison, les longues discordes entre Catherine de Crussol et Marguerite de Saint-Priest, les deux abbesses précédentes. Briançonne gouvernait encore son abbaye le 27 janvier 1459, jour où elle reçut la visite de l'abbé de Pontigny, député pour les définiteurs du chapitre général de Citeaux.

Dans la nomenclature des abbesses de Bellecombe, on place après Briançonne de Lavieu, une R. Dame du nom de Marie sans que les auteurs disent à quelle maison elle appartenait. Il est probable qu'elle n'était pas autre que Marie de Lavieu, religieuse avec sa sœur Briançonne, à Beaulieu en 1447, qui suivit cette dernière lorsqu'elle alla prendre le gouvernement de Bellecombe, et lui succéda dans l'administration de ce couvent au moins pendant quelques années. Mais plus infortunée que sa sœur, elle eût à souffrir vers le commencement du xvi° siècle, en 1504, de bien grandes déprédations, commises au préjudice de son abbaye par les bandes affamées. Elles furent telles, qu'on en référa au Souverain Pontife lui-même, pour en obtenir force et secours, et Jules II donna ordre à l'abbé de Doue et au prieur de Viaye, d'arrêter et de ramener à de meilleurs sentiments, les dévastateurs de Bellecombe.

Claude de Lavieu, baron de la Brosse

(Seigneur de Beauzac, de 1447 à 1479.)

Le Laboureur, dans ses Mazures, dit que Claude de Lavieu épousa en 1463, Catherine d'Albon, née au château de Saint-Forgeux dans le courant de l'année 1444, et fille de Guillaume d'Albon et de Marie de la Palisse. Suivant le même auteur, Catherine, qui était jeune encore après la mort de son premier époux, se remaria avec Jean de Bourguignon, secrétaire du chapitre de Lyon. Claude habita souvent le château de la Brosse, et, si comme nous devons le présumer, c'est aux membres de sa famille qu'il faut attribuer la restauration du manoir, c'est bien à lui, croyons-nous, qu'il convient d'en faire honneur, parce que ces restaurations portent le caractère et le style de son époque. Il testa à la Brosse le 5 octobre 1479 dans la chambre au-dessus de la chapelle, circonstance qui expliquerait qu'outre la petite église aujourd'hui ruinée et placée en dehors de l'enceinte du château, et ayant longtemps servi de chapelle vicariale, le seigneur en avait une intérieure destinée à son aumônerie particulière et privée.

Ce testament de Claude de Lavieu nous apprend qu'en 1479 ses deux filles non mariées paraissaient être ses deux seules héritières, et que pour la cinquième fois la maison maîtresse de la Brosse, allait tomber en quenouille. Elles s'appelaient Marguerite et Aëlie de Lavieu. Claude laissa tous ses biens à sa chère et bien aimée enfant Marguerite, à son défaut, ou à défaut de postérité, Aëlie était appelée à la succession, puis après elle et aux mêmes conditions, Jean, baron de Saussac, et Bertrand de Saussac, ses neveux, et Dauphin d'Aulgerolles ou de Salpoigne, qu'il appelle aussi son neveu quoiqu'il ne fût que son petit neveu.

Que devient Aëlie de Lavieu ? A en juger par le brillant héritage qui fut laissé à sa sœur, ou elle mourut jeune, ou elle alla rejoindre ses deux tantes à Bellecombe. Pour Marguerite elle ne tarda pas à donner sa main et ses nombreuses et vastes propriétés à un membre de la famille des Artaud de Saint-Germain-d'Apchon.

MAISON D'APCHON

VI

MAISON DE SAINT-GERMAIN-D'APCHON

Les Saint-Germain-d'Apchon, suivant Aubaïs et Seguing, portaient d'or semé de fleurs de lys d'azur. Ils sont trop connus dans les livres qui ont parlé de la noblesse du Forez pour que nous entreprenions ici de faire leur éloge et de reproduire longuement leur généalogie et leurs alliances ; ce serait en quelque sorte vouloir pour la baronnie de la Brosse, qu'ils désertèrent et vendirent, un surcroît de gloire dont elle n'a pas besoin. Disons néanmoins que l'armorial lyonnais nous semble avoir fait une erreur de quelques années en affirmant que la famille des Lavieu-Poncins ne se fondit qu'en 1508 dans celle d'Apchon. Cette fusion entre les deux familles eut lieu un peu plus tôt comme nous allons le voir.

Michel Artaud III de Saint-Germain-d'Apchon

(Baron de la Brosse et seigneur de Beauzac de 1480 à 1522.)

Son alliance avec Marguerite de Lavieu doit remonter en 1480, car en 1482, dit un acte notarié, Michel de Saint-Germain et Marguerite de Lavieu, son épouse, seigneurs de la Brosse et Beauzac, recevaient des reconnaissances à Beauzac. Le 23 avril 1495, haut et puissant seigneur Artaud de Saint-Germain représenté par honorable Jean de Lafont, son châtelain de la Brosse, recevait une reconnaissance du sieur Antoine Miramand, et la Brosse était toujours désignée sous le nom de la Brosse-Beauzac. Artaud était-il mort en 1522 ? C'est probable, puisque cette même année et sans que son époux figure dans la donation, Marguerite de Lavieu, dame de Poncins, demeurant en son château de la Brosse, augmenta la fondation qui avait été faite à la chapelle Saint-Denys, par feu noble de Poncins son père, pour la célébration à perpétuité de deux messes hebdomadaires. Ce qu'on va lire montre qu'en 1525 Marguerite de Lavieu était morte ainsi que son époux et qu'ils avaient eu pour fils et successeur, celui par lequel Aubaïs commence sa généalogie.

Artaud IV de Saint-Germain-d'Apchon, baron d'Apchon.

(Seigneur de Beauzac, de 1519 à 152... pour la Brosse,
de 1519 à 1525 pour Beauzac.)

Le 17 mai 1519 il épousa Marguerite d'Albon, sœur et héritière du fameux maréchal de Saint-André, et alors il était lieutenant de la compagnie des hommes du maréchal.

Peu d'années après, soit qu'il fut devenu trop riche, et que les domaines plus opulents qu'il possédait en Forez, attirassent de préférence ses affections, soit qu'à l'exemple et à la suite de beaucoup de seigneurs de cette époque, il se livrât à des dépenses excessives, nous le voyons presque immédiatement après la mort de sa mère, se dessaisir des biens qu'il possédait en Velay. Le 7 mars 1525 noble et puissant seigneur Artaud d'Apchon, baron d'Apchon, Montrond, Poncins et la Brosse, de son bon gré, pour acheter une place appelée de Chambonet, vendue et aliénée par feue dame Marguerite de Lavieu, sa mère, ainsi que pour d'autres causes et raisons, vendit à noble Guiot de Beauzac, sa terre dite de Beauzac la Brosse, le village de Lioriac, le four banal de Monistrol et toutes ses appartenances, pour en jouir en fief comme tous ses prédécesseurs en avaient joui, le tout pour le prix de 27,000 livres tournoises, chaque livre comptant vingt sous tournois, prix payé en écus d'or, soleils, à la couronne ducale, d'or, nobles à la rose, testons, demi-testons, douzains et carolins. Par suite de cette convention, la Brosse déjà privée de Boucherolles depuis longtemps, perdit encore Beauzac, et cette seigneurie de Beauzac qui, à partir du xiiiᵉ siècle avait été partagée entre deux familles, fût réunie sous un seul maître pour ne plus être divisée jusqu'à la révolution de 93.

Quant à la baronnie de la Brosse elle-même, nous n'avons pu trouver encore l'époque précise à laquelle elle fut vendue à un membre de la famille des Clermont-Chattes dont nous aurons à parler bientôt. La date de cette vente doit être placée néanmoins entre 1525 et 1534. Elle ne put pas avoir lieu avant le mois de mars 1525, soit parce que dans la vente de Beauzac, Artaud IV garde encore le titre de baron de la Brosse, soit parce qu'en aliénant l'héritage de sa mère, morte depuis peu de temps, il n'est pas croyable qu'il ait commencé par celui de ses domaines du Velay qu'elle affectionnait le plus. Cette vente ne doit pas d'un autre côté être retardée plus loin qu'en 1534, puisque nous verrons Jacques de Clermont-Chattes déclarer dans son testament le 15 juin 1534 qu'il a vendu sa terre de Leyrand en Dauphiné, pour acheter ou pour payer celles de Saint-Just et de la Brosse-en-Velay. Reste donc à trouver entre 1525 et 1534, la date précise de cette importante aliénation.

MAISON DE CLERMONT-CHATTES

VII

MAISON DE CLERMONT-CHATTES

Louis Videl, dans une de ses annotations sur la vie du chevalier Bayard, par Claude Expilly, p. 238, dit en parlant de la famille de Clermont : « J'ai vu la copie d'une bulle du pape Calixte II, auparavant archevêque de Vienne, de l'an 1120, par laquelle ce pape reconnaît qn'Ainard de Clermont avait levé à ses dépens une armée, pour le conduire, comme il fit, jusque dans Rome et s'opposer à Maurice Bourdin, anti-pape, qui l'attendait sur le chemin, et pour récompense de ce service, il lui permet, et à tous les aînés de ses descendants de toucher aux choses sacrées à la réserve des vases destinés aux sacrifices de l'autel ; et afin que la postérité sache comment l'autorité des clefs du Saint-Siège avait été conservée par son courage, il veut que lui et ses successeurs du même nom quittent leurs anciennes armes pour prendre les clefs de Saint-Pierre, avec la tiare d'or pour cimier, à quoi il ajoute une autre grâce que le même Ainard de Clermont et celui de ses descendants qui sera seigneur de Clermont, venant à baiser les pieds de sa sainteté, prononcera les mêmes paroles que Saint-Pierre fit au fils de Dieu : *Etiam si omnes te negaverint, ego non te negabo.* »

Si cette copie est tirée d'un original authentique, il faut avouer qu'il y a peu de maisons en la chrétienté, qui aient un si beau titre. Quoi qu'il en soit, celle des Clermont porte les mêmes armes, le même cimier.

Nous ajouterons que telles sont aussi les armes et telle devise des Clermont-Chattes, et qu'on les voit encore aujourd'hui gravées au-dessus de la porte principale du château de la Brosse. Les

Clermont-Chattes dont nous voulons aujourd'hui écrire la notice, forment une branche qui se détacha de la première famille peu de temps après cet Ainard de Clermont, ami et protecteur du pontife Calixte II. Il serait trop long sans doute de remonter, par voie et mode de récit historique, jusqu'à cette première et si ancienne origine, aussi nous contenterons-nous d'en donner la généalogie suivie autant que possible et fort abrégée.

Auparavant, disons que deux Clermont-Chattes, travaillèrent et combattirent glorieusement pour asseoir Henri IV sur le trône de France, et surtout pour lui faire quitter la religion protestante ; l'un en Velay en qualité de sénéchal, l'autre comme gouverneur de Dieppe. François, le baron de la Brosse y perdit la vie. Ainard, dit le commandeur, y trouva une brillante renommée.

Charles de Clermont-Chattes qui leur succéda commanda la noblesse du Velay dans toutes les guerres contre le protestantisme pendant le règne de Louis XIII. Leur père François de Clermont-Chattes fut compté au nombre des plus valeureux défenseurs de Metz en 1552, lors du siège de cette ville par l'empereur Charles V.

Jacques de Clermont-Chattes, leur aïeul, accompagna François Iᵉʳ dans toutes les campagnes d'Italie. Combien d'autres membres de cette famille se couvrirent de gloire, mais leurs faits et gestes sont inconnus parce qu'ils habitèrent longtemps une province autre que le Velay, comme va nous l'apprendre leur généalogie.

GÉNÉALOGIE DES ANCIENS CLERMONT-CHATTES

Ainard de Clermont, ami et protecteur du pape Calixte II en 1120.
D'où probablement :

Sibaud II de Clermont, seigneur de Clermont et de Chattes, épousa en 1150 Elvin de la Chambre. D'où :

1º Sibaud de Clermont qui garda Clermont et forma la branche dite de Clermont.	2º N. N. resté inconnu	3º Geoffroi de Chattes ou de Clermont-Chattes qui eut pour sa part la terre de Chattes, il épousa en 1150, Gertrude la Tour. D'où :

Amieu ou Amédée de Chattes, cousin d'un Guillaume de Clermont. Il rendit hommage à l'évêque de Grenoble en 1218 et 1220. Il épousa, dit le père Anselme, Alevi de Chateauneuf en Dauphiné, D'où :

1º François de Chattes qui épousa :
1º Aélis dont les enfants furent déshérités en faveur de la seconde femme.
2º Béatrix d'Urgel, fille de Jaucerand, seigneur de Saint-Priest. D'où sept enfants entr'autres Amédée qui suit : En 1262, François soumit sa terre de Chattes au Dauphin de Vienne. Il testa le 7 mars 1272 partant pour la Terre-Sainte et laissant à Geoffroy son frère, la tutelle de ses enfants. Il était mort en 1274. D'où :

2º Geoffroi de Chattes qui n'eut que deux filles et qui fut en 1272, le tuteur des enfants de son frère.

1º Amédée de Chattes. seigneur de Chattes et de Crespel, il épousa Philippine de Sassenage qui, par son testament du dernier février 1383, élit sa sépulture dans la tombe des parents de son mari, au cimetière de l'église de Saint-Vincent de Chattes. D'où Jean de Chattes qui suit :

2º Six autres enfants restés inconnus (1).

Jean de Chattes qui épousa Alix d'Albon. Il était mort avant 1329. D'où :

1º Geoffroi de Chattes, seigneur de Chattes, Crespel, Beauzac, La Mothe, Galaure, Genissieux, Geissants, Leyraud. En 1368, il prête serment de fidélité à Charles V, Dauphin de Vienne. Il testa le 1er Mars 1376. Il eut trois épouses dont les noms suivent :

2º Marguerite qui épousa après la mort de son père, le 28 avril 1329, Didier, conseigneur de Sassenage, assistée par Amédée son grand-père et sa grand'-mère Philippine.

1º Françoise de Saint-Quentin. D'où :

Catherine de Chattes, mariée le 24 juin 1351 à Antoine de la Tour du Pin.

2º Béatrix de Beauvoir. D'où :

Une fille qui mourut avant 1362. D'elle vint à son père la terre de Geissants.

3º Beaudouine de Retourtour, fille de Briand de Retourtour et de Jeanne de Beauvais, disent les uns, ou de Aliénor de Canillac, disent les autres, plus probablement. Par son testa-

---

1. Parmi les témoins de l'acte par lequel furent fixées les limites du mandement de Devesset appartenant aux chevaliers de Saint-Jean-de-Jérusalem, figure un personnage dont le nom nous a paru être celui de François de Chattes, et l'acte est de 1294. Il fut lu et souscrit dans la cour et devant la chapelle du château de Devesset. Ce François de Ghattes, ainsi que plusieurs autres témoins qui signèrent, était chevalier. Est-ce un des six enfants restés inconnus ?

ment de 1376, Geoffroi laissa à Beaudouine l'usufruit de Crespel et de Geissants. Il était mort le 12 avril 1382, au moins, puisqu'à cette époque on traitait de sa succession. D'où cinq enfants :

1º Sibaud de Chattes, sei - gneur de Chattes, La Mothe Ga- laure La Faye, Geissants, Le Crespel, etc. En août 1382 il était le premier écu- yer de la com- pagnie d'Aimar de Clermont. Il se maria le 18 juin 1393 avec Françoise de Bressieu et en eut six enfants dont trois seule- ment nous sont connus. Savoir :	2º Catherine qui testa en 1417 étant dame de Vissac.	3º Geoffroi qui paraît n'avoir pas eu d'allian- ce. Le 9 juill.1412 sa mère Beau- douine lui céda ses droits sur la Faye au D. de Vienne, afin de le dédommager de ses dépenses fai- tes dans le pro- cès contre Jac- ques de Tour- non, époux d'A- lix de Retour- tour, sœur de Beaudouine. Il donne sa terre de la Faye à Ar- taud Alleman, conseigneur de Chattes.	4º Aliénor de Chattes, qui épousa Pierre, seigneur du Mo- nestier, D. de Vienne. En 1417, elle hérita de sa sœur Cathe- rine par testa- ment du 22 juin 1428. Elle ins- titua héritier François de St- Priest- d'Apinac seigneur du Mo- nastier avec sub- stitution d'Ar- taud et de Mar- guerite de Chat- tes pour moitié de ses biens et pour l'autre moi- tié de François de Claveyron.	5º N. N. Inconnu.

1º Amédée de Chattes. Il testa le 3 mai 1425, il épousa en...... Françoise de la Tour, fille d'Aubert, conseigneur de Vissac et de Marguerite de Chateau- neuf. D'où :	2º Perceval qui posséda Paliénas et la Faye et fut chevalier de Rhodes.	3º Alix épousa de Falcon du Puy, dit de Murinais.

1º Artaud de Chattes, seigneur de Chattes, St- Lattier, La Faye, Geissants, Leyraud, etc.... Il épousa le 19 mars 1442, Marguerite de Saint-Priest, fille de	2º Jean de Chattes qui transigea avec son frère Artaud, le 9 juin 1444.	3º Marguerite, née après 1425, époque du testament de son père.

Jean seigneur de Saint-
Chamond.

Il en eut cinq enfants savoir :

1° Humbert de Chattes qui testa le 22 mars 1492 et ne vivait plus en 1498. Il épousa le 12 avril 1473 Louise de St-Germain-d'Apchon, fille de Michel d'Artaud de Saint-Germain et de (1). D'où :	2° Charles de Chattes Geissants qui a fait la branche dite de Geissants.	3° Catherine. Elle épousa en 1480 Claude de la Farge, seigneur de la Tour - Goyon, en Auvergne.	4° Jeanne, religieuse à Sainte - Claire du Puy ou à Annonay.	5° Philippe. Inconnu.
1° Jacques de Chattes, le baron de la Brosse, dont nous allons parler en poursuivant le cours de cette notice.	2° Aimar, chanoine claustral de St-Antoine, il fit une donation de tous ses biens à Jacques, son frère.	3° Claude, qui fut religieux.	4° Louise, qui épousa Claude Alleman, seigneur de St-Hilaire.	5° Gabrielle, religieuse à Clavas.	6° Isabelle, abbesse de Clavas, après sa tante Algages de Saint-Germain-d'Apchon, en 1507.

Jacques de Clermont, comte de Chattes

(Baron de la Brosse et Saint-Just de 152... à 1544.)

Dans un testament fait le 13 juin 1534 et par lequel il laisse à son épouse tant qu'elle vivra, la jouissance des châteaux de la

(1) Les généalogistes supposent assez communément que la belle-mère de Humbert de Chattes, fut Marguerite de Lavieu dame de la Brosse. Ce qui expliquerait bien, il faut en convenir, la vente faite par le seigneur d'Apchon, de la baronnie de la Brosse à son petit-fils par alliance, Jacques de Chattes. Mais nous avons vu que Marguerite de Lavieu n'était pas encore mariée en 1479, ce qui en fait une belle-mère trop jeune pour Humbert de Chattes qui prit femme en 1473. Marguerite n'était donc que la belle-sœur dudit Humbert et la tante de Jacques, et il conviendra de donner pour belle-mère à Humbert, Marie du Verd, qui avait épousé le 21 novembre 1461 Artaud II d'Apchon, peut-être même faudrait-il lui en trouver une plus âgée encore dans Louise d'Albon, épouse d'Artaud I.

Brosse et de Saint-Just, Jacques déclare que pour acheter ces deux propriétés il avait vendu sa terre de Leyraut en Dauphiné et aliéné même celle de Saint-Just, mais sous pacte de rachat aux religieux de Saint-Chaffre pour le prix de 12,000 livres. Il suit bien de là qu'il avait acheté lui-même la baronnie de la Brosse, et cette acquisition il dût la faire entre l'année 1525, époque où le vendeur de Beauzac prenait encore le titre de seigneur de la Brosse comme on l'a vu plus haut, en l'année 1534. Quant à la seigneurie de Saint-Just, il semble qu'on devrait conclure de même.

Toutefois un ancien terrier affirme qu'en 1498, Gabriel de Saint-Priest l'avait vendue à noble Guillaume de Chattes, seigneur dudit lieu ; et comme Guillaume ne paraît pas dans notre précédente généalogie, il reste à savoir si Jacques avait acquis de lui la terre dite de Saint-Just ; ou, si, en ayant hérité, il n'avait vendu Leyraut que pour achever de la payer, et en quelle année eut lieu cette acquisition ou cet héritage.

Un document serait donc nécessaire pour jeter un peu de clarté en cet endroit de notre notice.

Jacques de Chattes devint le maître et l'héritier de tous les biens de sa maison, par la cession que son frère Aimar lui fit de tous ses droits, le 14 octobre 1511. Mais nous verrons tout à l'heure que cette fortune autrefois si considérable et si brillante était bien diminuée. Il commença à la rétablir en faisant une riche alliance le 21 décembre 1517 avec Jeanne de Péruse dite d'Escars, fille de Jean de Péruse et de Catherine de Levis. Il la consolida encore et l'augmenta de plus en plus, par les hautes charges qu'il occupa et les soins qu'il mit à bien les accomplir. Sa vie en effet, en grande partie du moins, se passa dans les armées. A la suite de François Ier qui l'estimait beaucoup, et étant l'un des cent gentilhommes de la maison de ce prince, il prit part à toutes les guerres d'Italie, et par le courage dont il donna constamment des preuves, il procura à ses descendants l'amitié de la famille royale, les honneurs de la cour et un rapide avancement dans les emplois militaires.

Le 28 décembre 1521, nous trouvons Jacques de Chattes nommé exécuteur testamentaire de Louis de Laroue, baron de Dunières et seigneur d'Aurec, ce qui indiquerait que dès lors il était maître de la Brosse ou de Saint-Just.

Bien que nous l'ayons vu tester en 1534, il prolongea néanmoins ses jours jusqu'à une époque plus reculée. Ainsi en 1540 il donna certains pouvoirs aux chatelains et juges de ses terres en Dauphiné, et dans cet acte de concession, il avoue que la meilleure portion des anciens domaines de sa famille avait été aliénée, depuis environ 55 ans, savoir : Geissants, et la Motte Galaure, par le partage de Jacques de Chattes, son cousin-germain ; St-Jean-d'Octavion par la vente que son père en avait faite et que lui-même avait engagé celle de Saint-Latier et de la Saône, pour se mettre en état de suivre le roi en son expédition par delà les monts.

Le 24 mars 1544, il fit donation de tous ses biens à François de Chattes, son fils unique. Jacques mourut-il à cette époque, ou bien alla-t-il septuagénaire, passer les dernières années de sa vieillesse dans quelqu'un des châteaux qui lui restaient en Dauphiné et sous un climat plus doux que celui de nos montagnes? Nous l'ignorons.

François Ier de Clermont-Chattes, baron de la Brosse

(Seigneur de Saint-Just, bailly du Velay, de 1544 à 1555.)

Le 19 mars 1542, par suite de la démission de son père, il avait pris rang parmi les gentilhommes de la maison du roi.

Il épousa damoiselle Paule de Joyeuse, le 13 février 1544, ainsi parle une généalogie, et ce qui confirme cette assertion, c'est que le rôle de la levée de l'impôt pour ce mariage, rôle dont nous avons lu une copie, fut fait ou du moins signé le 4 avril 1545. Paule était fille de Jean, vicomte de Joyeuse et baron de Saint-Didier et de Françoise de Voisins, et comme elle ne testa que le 16 juillet 1586, elle eut bien le temps durant une aussi longue vie de soutenir au moyen du puissant crédit dont elle jouissait à la cour, le crédit de toute sa famille qui ne tarda pas à devenir en effet très brillante. Sœur de Guillaume de Joyeuse qui resta maréchal de France jusqu'en 1593, tante d'Anne de Joyeuse amiral, de Scipion de Joyeuse, le général tué à Villemer, et de Henri de Joyeuse, le fameux capucin dont Henri IV pouvait bien se railler, mais qu'il désarma plus difficilement, on conçoit qu'avec de tels appuis, son époux et ses enfants, lors même qu'ils n'auraient eu que des talents ordinaires devaient parvenir aux charges les plus honorables et se créer un nom illustre. Or, il faut ajouter que par surcroît, les uns aussi bien que les autres, se montrèrent à la hauteur du rang où la fortune les avait placés. Et si la renommée des Clermont-Chattes ne brille pas autant dans l'histoire que celle des Joyeuse, c'est moins la valeur, le dévouement et le courage qui manquèrent aux premiers, que l'occasion de se signaler sur un plus vaste théâtre.

Pendant son administration comme bailly du Velay, François de Chattes s'attira l'estime et l'affection de tous et se montra juge intègre à l'égard des différents partis qui commençaient à se remuer, et plein d'une extrême bienveillance toutes les fois que son devoir ne l'obligeait pas à être sévère. Pendant le siège de Metz, lorsque le duc de Guise François de Lorraine en 1552, défendit cette place contre toute l'armée de Charles Quint, le seigneur de la Brosse y commanda la noblesse du Dauphiné, et il s'acquit une si grande réputation de bravoure que le roi Henri II lui permit de porter au-dessus des clefs de ses armes, une fleur de lys sur un champ d'azur.

Il vivait encore le 8 mai 1555, puisque ce jour-là en qualité de seigneur de la Brosse, il reçut l'hommage de maître Vital Mollin, chirurgien, demeurant à Utiac, village près de Tence. Mais, contrairement à ce que disent certains auteurs, M. Mandet entr'autres, nous ne pensons pas qu'il ait prolongé ses jours jusqu'en 1556, si toutefois un acte dont nous avons copie, ne porte pas une date fausse. Cet acte assure en effet que le 3 janvier 1556, en présence de Charles Alier, seigneur de la Fressange, noble Geoffroi de Joux, fit reconnaissance à demoiselle Paule de Joyeuse, veuve de feu François de Chattes, seigneur de la Brosse et bailly de Velay, mère et tutrice de Guillaume de Chattes, seigneur baron de la Brosse, de certains fonds qu'il possédait au village d'Utiac.

François avait fait un testament le 4 août 1554 et un codicille le 14 janvier 1555, ce qui indiquerait, ou qu'il songeait à repartir pour le service du roi, ou qu'il souffrait de quelque blessure reçue au siège de Metz. Ses enfants furent : 1° Guillaume qui suit ; 2° Charles dont il sera parlé aussi ; 3° François de Chattes qui succéda à ses deux frères dans le gouvernement de la baronnie de la Brosse, et dont il sera longuement question ; 4° Aimar qui aura lui aussi son histoire ; 5° Jacques, mort sans alliance ; 6° Jean, qui

fut comte de Saint-Jean, et seigneur de Saint-Just ; 7° Marguerite
qui épousa le dernier octobre 1565, Balthazar de Goyant, seigneur
de Maizerolles en Vivarais. Leur fils obtint la grande maîtrise de
Saint-Lazare, après la mort d'Aimar de Chattes, son oncle mater-
nel ; 8° Magdeleine, religieuse, puis en 1602, abbesse de Clavas ;
9° Louise, mariée le 5 janvier 1578 à noble Jean de Bourbal, seigneur de Choisinet, Annet, bâtard de Chattes, seigneur de
Crespol et habitant le Puy. Dans son testament du 4 août 1616,
il fit un legs à sa cousine du Choisinet, laquelle était veuve depuis
au moins 1602.

François, le père de cette nombreuse famille, qu'il s'était faite
dans moins de onze années de mariage, n'avait que quarante ans
lorsqu'il mourut. En voyant dans l'histoire les grands événements
qui déjà se préparaient et éclatèrent bientôt, en se souvenant de la
guerre civile qui ne tarda pas à déchirer notre pays, autant et plus
que les autres provinces du royaume, on regrette qu'une mort pré-
maturée l'ait fait disparaître de la scène politique, au moment
où il était dans toute la force de l'âge, et dans sa plus grande
expérience. La belle défense de Metz promettait au Velay, dans la
personne du seigneur de la Brosse ; outre le père de famille aux
mœurs très pures, outre le juge intègre et le gentilhomme puissant à la cour, un chef rempli d'un grand et noble courage. Mais
si la mort ne voulut pas qu'il assistât lui-même à toutes ces scènes
de désordres et où bien des crimes se mêlèrent parfois, du moins
nous allons voir que tous les membres de sa famille y prirent une
part assez glorieuse, se déclarèrent constamment en faveur de la
bonne cause, pour elle exposèrent leur vie, donnèrent même leur
sang et se firent une renommée dont l'histoire a gardé le souvenir.
Presque tous néanmoins ont mérité un juste reproche, c'est que,
héritiers de la valeur de leur illustre père, ils ne voulurent pas
l'être de la sévère et irréprochable honnêteté de ses mœurs.

Guillaume de Clermont-Chattes

(Baron de la Brosse de 1556 à 1570.)

Nous avons vu que le 3 janvier 1556, Guillaume de Chattes à
peine âgé de dix ans, portait déjà son titre seigneurial de baron de
la Brosse, et qu'il était sous la tutelle de sa mère Paule de

Joyeuse. Profitons de cette minorité qui fournirait d'ailleurs peu de détails à notre notice, pour examiner dans quel état les esprits se trouvaient alors, et jeter au moins un coup d'œil sur la révolution politique et religieuse qui allait causer parmi nous, tant de ruines. Même en faisant cette courte digression, nous ne sortirons pas beaucoup de notre sujet, puisque la Brosse se trouvant sur l'extrême frontière du Velay, plus que tout autre et avant toute autre baronnie diocésaine, eut à porter les coups de l'orage qui vint principalement du Vivarais, s'abattre sur notre pays.

Sans doute nous ne voudrions pas exagérer la portée de l'histoire toute locale et toute particulière que nous donnons ici, ni grandir ses proportions outre mesure, ni faire le procès à tout le protestantisme avec le petit nombre de faits que nous aurons à citer. Toutefois ne considérant que ceux qui eurent lieu dans notre contrée, bornant notre appréciation aux causes qui les produisirent, aux auteurs qui les dirigèrent et aux tristes résultats qui en furent les conséquences, nous demeurons convaincus que la prétendue réforme, malgré l'apparence religieuse qu'elle voulut se donner et qu'ont voulu lui donner plus encore certaines théories modernes, élaborées après coup, ne fut en réalité, dans nos montagnes du moins, qu'une grossière révolte, inspirée à quelques-uns par des motifs politiques, au très grand nombre par l'avidité du pillage, presque à tous, par l'amour d'une licence effrénée, et qu'on eut cette raison de lui résister, en employant vigoureusement contre elle, les moyens de force et de compression qui étaient alors en usage. Nous pensons en outre que le Velay contribua grandement pour sa part à faire triompher cette très juste et très noble résistance, et que dans ce même Velay, le canton de Tence, avec la baronnie de la Brosse, servit comme de premier contrefort pour amortir et diviser l'invasion protestante. Il est bien vrai que dans cette longue et sanglante lutte, ce malheureux pays eut à subir de nombreuses dévastations, deux de ses paroisses devinrent et sont restées depuis lors presqu'entièrement protestantes; plusieurs de ses châteaux forts tombèrent pour ne plus se relever, mais leurs ruines du moins, marquèrent et marquent encore la limite qu'il n'a pas été donné aux protestants de franchir.

Telle est, croyons-nous, et les faits qui vont suivre le démontreront, la seule et véritable origine du protestantisme dans le canton de Tence. Il y pénétra venant du dehors et par voie d'effraction plutôt que de conviction, amenant à sa suite la guerre civile au moyen des bandes étrangères. Il y fut poussé soit par le désir qu'avaient ses chefs supérieurs, de se frayer au travers du Velay, une route qui joignit directement le Languedoc à l'Auvergne et au centre de la France, soit par la cupidité des chefs subalternes qui convoitaient les riches domaines des chevaliers de Malte à Devesset, et de nos évêques du Puy à Beaujeu et à Bonnas. Il y prit racine et est parvenu à s'y maintenir, grâce au concours de trois apostats, qui tous les trois, et le même jour, embrassèrent la religion protestante, mais laissèrent sur son front, une tâche de bouc et de lubricité qui ne s'effacera pas de longtemps.

Voici en effet ce que raconte l'histoire : Dès l'année 1550, la réforme avait fait des progrès rapides dans le bas et le haut Languedoc. Neuf ans après, en 1559, de grands troubles éclatèrent à Annonay, à Privas, et les sectaires s'enhardirent de plus en plus, secrètement d'abord, puis à découvert et de vive force, remontèrent la chaîne des Cévennes, et firent irruption dans notre pays, surtout par Devesset, Saint-Agrève, Saint-Romain le Désert, le Chambon et Saint-Voy de Bonas. A Devesset, les chevaliers de Malte eurent des traîtres, s'il est vrai que Blacons, le lieutenant du baron des Adrets, fut l'un d'entr'eux.

A Saint-Romain le Désert, le curé prêcha le nouvel évangile et confirma sa prédication par un mariage scandaleux et sacrilège. Son nom est resté inconnu. A Saint-Voy, même prédication et même scandale de la part du curé Bonnefoy. Ce berger devenu loup, et loup furieux après son abjuration, effraya les protestants eux-mêmes par ses atrocités contre ceux des catholiques qui eurent le courage de ne point le suivre. Trois cents ans n'ont pu le faire oublier, et dans nos localités protestantes, on répète encore, mais tout bas, des chansons qui rappellent son triste et odieux souvenir. Au Chambon de Beaujeu, Antoine Romezins qui était notaire, se fit protestant pour pouvoir s'emparer avec moins de scrupule, des biens du prieuré, et le curé qu'il entraîna suivit l'exemple de ses deux confrères voisins. Nous avons lieu et motif de croire qu'il s'appelait Vital Bollon. Tous ces faits ont leur langage, nous espérons que le lecteur en conviendra, et mieux et plus vite que des raisonnements ; ils prouvent ce qu'il faut chercher ailleurs que dans le désir de bien faire et de bien vivre, la cause de l'implantation du protestantisme dans les quelques paroisses du Velay qu'il parvint à conquérir.

De 1560 à 1567, époque de la première guerre civile, une sorte de paix régna dans le canton de Tence. La réforme eut donc tout le loisir de devenir prédominante, au Chambon et à Saint-Voy surtout, et quoique bien jeune encore, elle montra dès lors l'intolérance, dont elle s'armera partout et toujours quand elle se croira la plus forte. A Saint-Voy la messe catholique fut abolie, pour n'y être rétablie que douze ans plus tard, en 1572. Un grand nombre de familles restées fidèles à l'antique religion, ne purent plus pratiquer librement, et sans s'exposer au danger de perdre la vie, le culte de leurs ancêtres.

La raison de cette tranquillité laissée aux protestants par les catholiques, c'est qu'il fallut porter la défense sur d'autres points du diocèse, qui étaient plus sérieusement menacés. En 1562, en effet, eut lieu l'expédition du baron des Adrets et de son lieutenant Blacons qui voulurent parvenir jusqu'au Puy en traversant le Forez et en remontant la rive gauche de la Loire. Leur expédition échoua. Mais il semble que cet échec ait ouvert les yeux aux chefs du parti, et que trouvant trop longue la route du Forez, pour aller rejoindre et soutenir leurs adeptes, soit en Auvergne soit dans le centre de la France, ils résolurent dès lors de se frayer un passage de vive force plus court et plus rapide, par le Velay.

Dès 1567, lorsqu'éclata la dernière guerre civile, cette intention de leur part se dessina assez clairement. Le 22 décembre, les quatre vicomtes : de Bruniquel, de Montclar, de Paulin et de Caumont arrivent du fond du Vivarais et veulent forcer les gorges de nos montagnes, afin d'aller au secours du prince de Condé qui les appelait à Vichy. Mais ils furent battus et obligés de contourner la frontière orientale de notre province. Ce ne fut que par la voie du Forez et de Saint-Rambert, qu'ils allèrent grossir les troupes des rebelles. C'est que le danger, cette fois du moins, avait été compris et prévu par l'évêque Sennectaire et le baron de Saint-Vidal. Tence venait d'être fortifié. On y avait envoyé des gens de guerre ainsi que dans les autres villes voisines du Haut Vivarais, et l'ennemi ne crut pas devoir affronter une pareille résistance.

Ce que n'avaient pu faire les quatre vicomtes à la fin de l'année 1567, ou parce qu'ils étaient trop faibles, ou parce que le temps les pressait d'aller grossir les troupes du prince, d'autres bandes l'essayèrent en 1568. A Devesset, la Commanderie des chevaliers de Malte tomba en leur pouvoir. A Saint-Voy, ils prirent, incendièrent, renversèrent de fond en comble le fort de Montgiraud. L'année suivante 1569, pénétrant toujours plus avant dans le cœur du pays, ils s'emparèrent de la Chartreuse de Bonnefoy, et mirent à mort le prieur de l'abbaye avec trois de ses religieux. Enfin pendant le mois d'août 1570, l'armée des princes et de l'amiral partait d'Aubenas, traversait la Mastre et Rochepaule et poussait ses reitres jusque sur notre frontière, entre Saint-Agrève et Devesset, espérant que les quelques victoires remportées l'année précédente leur auraient ouvert un chemin. Mais elle trouva le pays en armes, mieux préparé encore à la défense, et les protestants forcés encore une fois de faire un assez long détour se rabattirent sur Saint-Bonnet, Montfaucon, Dunières, Saint-Didier et Monistrol, se rendant à la Charité-sur-Loire, et laissant dans chacune de ces villes une trace sanglante de leur passage.

L'histoire locale raconte en effet que dès 1568, les catholiques du Velay et dans le canton de Tence plus qu'ailleurs, avaient couru aux armes et pris la ferme et énergique résolution de se défendre. Assurément ils en avaient le droit, et si un reproche devait leur être adressé, ce serait d'avoir attendu si longtemps, et permis pendant huit années consécutives, que des hérétiques, non pas originaires du pays, mais venant d'une province voisine, non pas en employant la conviction, mais au moyen de la violence et par l'exemple du libertinage, introduisissent dans deux ou trois de ses paroisses, une prétendue réforme que les lois de cette époque proscrivaient et avaient droit de proscrire et plus encore ; que ces hérétiques une fois devenus les maîtres, allassent jusqu'à persécuter avec une extrême rigueur, les habitants de ces quelques paroisses restés fidèles à l'ancienne religion, jusqu'à briser les saintes images, piller et ruiner les églises, brûler les reliques des saints ou jeter au vent leurs cendres sacrées, en un mot jusqu'à profaner et insulter publiquement, ce qui avait été toujours l'objet d'une générale et profonde vénération pour le reste du peuple, auquel ils n'avaient pas le droit d'imposer leur nouvelle croyance.

Parmi les nobles seigneurs du pays qui alors se dévouèrent à la défense de la religion, le baron de la Brosse se trouva au premier rang. Mais il était bien jeune encore et ne pouvait avoir que 22 ou 23 ans tout au plus. Ce fut cette grande jeunesse sans doute qui l'empêcha de prendre un commandement dans l'armée de notre province, où sa haute naissance l'aurait obligé d'occuper un poste, pour lequel peut-être l'expérience lui aurait fait défaut. Du moins il voulut aller apprendre le glorieux métier des armes sous les ordres du maréchal de France, son oncle, en compagnie de ses cousins, les seigneurs de Joyeuse, dont la renommée commençait à grandir. Le 13 novembre 1568, alors que la deuxième guerre civile s'annonça plus menaçante et s'étendit à peu près dans tout le royaume, il fit son testament et régla les affaires de sa maison aussi bien que celles de sa conscience, comme le faisaient d'habitude tous les seigneurs catholiques de cette époque. Puis il rejoignit l'armée de Charles IX et prit part au long siège de La Rochelle, et aux nombreuses attaques que livrèrent les catholiques pour reprendre cette ville. Dans toutes les rencontres il mérita par sa bravoure, les éloges de tous ses compagnons d'armes ; et déjà il faisait revivre la mémoire du vaillant défenseur de Metz, lorsqu'en 1570, une mort glorieuse vint le frapper et l'arrêter au commencement de sa belle carrière.

On peut dire à sa louange que, le premier de sa famille, il tomba victime de son dévoûment à la cause religieuse, et quoique mort bien jeune, n'ayant pas eu le temps ni l'occasion de se faire un nom illustre, son sacrifice n'en fut ni moins pur ni moins méritoire parce qu'il ne fut pas entaché des motifs de jalousie et d'ambition politique, motifs qui ne tardèrent pas à se mêler aux actions de plusieurs de ceux qui défendaient la foi catholique, presqu'autant qu'aux actions de ceux qui l'attaquaient et voulaient la détruire.

Charles Ier de Clermont-Chattes

(Baron de la Brosse depuis 1570 jusqu'en 1574 au moins)

Il est à croire que pendant la paix qui fut faite en septembre 1570 et se maintint jusqu'à la fin du mois d'août 1572, les enfants de Paule de Joyeuse se réunirent au château de la Brosse et avisèrent

au moyen de soutenir les intérêts de leur famille que la mort de
Guillaume menaçait de compromettre. Mais auquel d'entre eux
fut confié le gouvernement de la baronnie? S'il faut s'en rapporter
à quelques généalogistes, Charles se trouvait bien être le plus âgé,
mais on l'avait nommé déjà chanoine et comte de Lyon, et, comme
tel, il ne pouvait pas convenablement recueillir la succession de
son frère, succession qui par les temps difficiles qu'on traversait
alors, avait surtout besoin d'un maître habile à manier l'épée.
Après Charles venait Aimar, portant le titre de chevalier de
Rhodes : toutefois il semble que ce titre lui défendant autant-et
plus qu'à son frère aîné, d'avoir une famille, lui interdisait par
cela même la possession d'un fief devenu la propriété principale
de la maison. Restait donc François II, le troisième des fils survi-
vants; aussi, longtemps nous avions cru que c'était lui qui avait
pris dès 1570, le titre et l'autorité de seigneur de la Brosse.

Mais un acte que nous avons trouvé depuis, est venu rendre pour
nous fort douteuse la nomination de Charles de Chattes comme
comte et chanoine de Lyon, le 14 décembre 1564, époque d'ailleurs où il n'aurait eu que 14 ans et nous force à admettre que ce
même Charles fut baron de la Brosse de 1570 à 1574 au moins.
Voici cet acte. Le 19 juin 1574, les quatre frères de Chattes étant à
Lanyel, près Tence, assistèrent au mariage de Charles de Joux
avec damoiselle Jeanne Blaynier dite de Queyrières, et les noms et
titres de ces quatre témoins, sont énoncés ainsi qu'il suit : pré-
sents, puissant seigneur Charles de Chattes, seigneur de la Brosse,
Aymar de Chattes, chevalier de Rhodes, François de Chattes
seigneur de Vernoux, et Jean de Chattes, comte de Saint-Jean,
frères. Or, il nous paraît étrange que le notaire ait omis d'appeler
Charles, comte de Lyon, si depuis dix ans comme le veut Aubaïs,
il avait ce titre, surtout quand il n'oublie pas de qualifier ainsi
Jean de Chattes, le dernier des quatre frères ; étrange aussi qu'il
l'ait placé le premier et en le nommant seigneur de la Brosse,
s'il n'avait pas cette autorité ; pour tous ces motifs, on nous permettra, jusqu'à ce qu'un nouveau document soit venu modifier
notre opinion, de tenir Charles de Chattes pour vrai et légitime
baron de la Brosse et de renvoyer peut-être au 14 décembre 1574
(et non 1564) son élévation à la dignité de chanoine et comte de
Lyon.

Que le lecteur nous permette encore de supposer comme très vraisemblable, une sorte de conseil tenu au château de la Brosse et dans lequel on dut examiner quel serait le meilleur parti à prendre, au cas où la lutte recommencerait. Paule de Joyeuse, mise au courant peut-être par son frère et par ses neveux, de bien des intrigues de cour, n'eut pas de peine à comprendre que la trêve qui venait d'avoir lieu, ne serait pas de longue durée, et pour soutenir et défendre sa maison elle n'avait que quatre fils bien jeunes encore et sans beaucoup d'expérience. Elle voulut donc leur créer dans le pays de nombreux partisans sur le dévouement desquels ils pussent compter, quand bientôt ils devraient aller ensemble sur les champs de bataille, et elle convoqua au château de la Brosse, les seigneurs du voisinage. Là se trouvèrent réunis tous les nobles ayant tourelle ou château féodal dans le canton de Tence et dans les lieux environnants et qui bien volontiers, au moment du péril surtout, consentaient à reconnaître l'autorité de celui que sa qualité de baron, ainsi que le crédit et la puissance de sa famille, désignaient naturellement comme devant être leur chef. Parmi eux on distinguait Claude de Lusy, baron de Queyrières, seigneur de Pélissac et François son fils aîné, ce dernier bien jeune lui aussi, mais plein de feu et de courage, et qui allait bientôt s'illustrer à la tête de ses cavaliers, dits de Vieillarmat ; Christophe de Beaulieu, seigneur du Mazel et Aymard de Beaulieu son fils, issus d'une famille qu'Annonay comptait au nombre de ses plus célèbres, qui donna trois prieurs à la paroisse de Tence, plusieurs chevaliers à l'ordre de Malte, et se montra toujours dévoué à la cause catholique ; Charles de Joux et Claude de Joux seigneur de Lanyel et Jean Dupuis, écuyer des Flachats son gendre, Gilbert de Bannes seigneur de Boissy et de Montregard et Aymar de Fay-Péraut seigneur de Solignac.

La délibération sur ce qu'il y aurait à faire dans le cas où la patrie de nouveau les appellerait aux armes, ne pouvait pas être et ne fut pas de longue durée en présence des jeunes seigneurs de la Brosse, si fortement attachés à la cause du roi et de la religion par toutes leurs alliances de famille et par le souvenir de leur frère Guillaume qui venait de verser son sang pour la défendre. En vain Aimar de Solignac qui allait bientôt tourner au protestantisme et Geoffroy de Joux dont la fille devait s'allier ou était alliée déjà à un seigneur de Geissants soupçonné d'hérésie, voulurent-ils prendre la défense de la réforme, parler de liberté de conscience, des abus du clergé catholique, des bonnes intentions que montraient les partisans de la religion nouvelle et du danger que l'on courait, en usant contre eux de violence, d'attirer sur le pays déjà bien malheureux les coups les plus forts de la lutte.

On répondit à tous ces conseils d'une fausse prudence, qu'il n'était plus permis de rester hésitant entre les deux grands partis qui divisaient tout le royaume, qu'aux yeux de quiconque voulait voir clair, il était évident que d'un côté se trouvait·la cause royale, les intérêts de la religion et ceux de la patrie, tandis que dans l'autre on n'apercevait que quelques princes jaloux et mécontents, des seigneurs avides de s'enrichir et une multitude aveugle qu'on poussait à toute sorte de licence, sous prétexte de liberté religieuse ; que, sans doute la tentative des quatre vicomtes et la dernière attaque de l'armée des princes, montrait aux moins clairvoyants, que l'intention bien arrêtée des hérétiques du Midi était de forcer les gorges et les défilés de nos montagnes et au travers du Velay, de tendre la main aux rebelles qui se levaient nombreux en Auvergne ; mais que notre province ne pouvait pas sans déshonneur décliner la glorieuse mission que la providence lui avait faite ; que voulut-elle d'ailleurs se tenir dans la neutralité, elle aurait toujours à supporter les coups des deux partis, et que par conséquent mieux valait pour elle souffrir en défendant la bonne cause plutôt que de s'avilir en l'abandonnant et de souffrir quand même. On ajoute qu'à propos des intentions protestantes qu'on voulait donner comme pacifiques, il était permis à d'autres de se laisser tromper par toutes ces belles protestations, mais que pour les seigneurs du Velay et pour eux principalement, le mensonge était trop grossier, et que la duperie si elle avait lieu, serait par trop naïve, surtout après les massacres qui avaient eu lieu, il y avait quelques jours à peine à Devesset, à Saint-Voy de Bonas et à la Chartreuse de Bonnefoy ; que la réforme d'ailleurs avait prouvé suffisamment par sa conduite en Suède, en Hollande et en Allemagne, qu'elle était de sa nature, violente contre les catholiques, et qu'elle serait pareillement en France dès qu'elle aurait le pouvoir et la force. Pour les abus du clergé catholique on avoua qu'il pouvait en exister sans doute, mais moindres qu'on ne le disait et que dans tous les cas, il fallait pour les corriger, d'autres réformateurs que ceux qu'ils avaient eu l'occasion de rencontrer maintes fois à la tête des hordes protestantes et d'autres paysans que ceux de Saint-Romain-le-Désert, de Saint-Voy et du Chambon. Quant au respect dû à la conscience, que la reclamer pour les protestants ou en leur nom, c'était vouloir leur accorder une chose dont ils n'avaient pas même l'idée, puisqu'ils songeaient si peu à respecter les malheureux catholiques des trois paroisses dont ils étaient devenus les maîtres.

Ces réponses dites simplement, mais avec une rude franchise et à l'appui desquelles on citait des faits nombreux dont ils avaient été les témoins, ou qui s'étaient passés dans les localités voisines et qu'ils avaient entendu raconter plus d'une fois, portèrent la conviction dans l'âme de tous ceux qui avaient assisté au Conseil de la Brosse. Ils rentrèrent dans leurs châteaux ou fortins, ou domaines nobles, détestant la prétendue réforme qui était venue jeter le trouble au milieu des antiques croyances, maudissant les sectaires, auteurs de tant de guerres civiles, et bien résolus à se défendre si la lutte éclatait une troisième fois, et à se défendre avec plus d'énergie encore que dans les deux luttes précédentes.

Telle était la disposition des esprits, lorsque vers la fin du mois d'août 1572, se repandit dans toute la contrée la nouvelle des terribles massacres qui avaient eu lieu à Paris. Cette nouvelle fut pour les huguenots comme un coup de foudre et lorsque Pierre de Rochebonne, gouverneur et sénéchal du Puy, eut fait publier dans tout le Velay, que l'intention du roi était que les religionnaires cessassent leurs prêches et allassent à la messe, presque tous les protestants se soumirent et s'exilèrent.

Mais à cette première impression de terreur, succéda une fureur plus grande encore, dans le courant même de cette année 1572, les rebelles commandés par le capitaine Vacheressse s'emparèrent de Baudinet et s'y fortifièrent, ainsi que de Fay-le-Froid. Le château de Beaujeu tombe aussi en leur pouvoir et, forte de ces trois points d'appui, la secte protestante continue ses prêches et ses assemblées à Saint-Voy.

En vain Rochebonne essaya-t-il de faire observer, là comme ailleurs, les ordres du roi, tous ses efforts furent inutiles ; les habi-

tants de cette paroisse avaient encore à leur tête leur ancien curé
Bonnefoy, qui, par son zèle aussi ardent que son abjuration avait
été scandaleuse, contribua à les rendre plus fanatiques et à aug-
menter leur attachement à la prétendue réforme. Dans leur loca-
lité froide et montagneuse, devenue comme un poste inexpugnable
dont ils étaient entièrement les maîtres, il appelèrent et réunirent
tous ceux de leurs correligionnaires qui ne pouvaient point enten-
dre ailleurs les instructions de leurs ministres.

Pendant toute l'année 1573, la guerre continua acharnée et
furieuse de part et d'autre; les uns cherchant à pénétrer dans ce
mandement de Bonas où le protestantisme venait d'établir sa forteresse les autres s'appliquant à le défendre. Melchior de Saussac,
baron de Saussac et de Vertamise, reprit sur les rebelles le château de Beaujeu après un siège de dix ou douze jours. Au mois de
décembre il se rendit encore maître de Fay à l'aide de troupes que
lui avait envoyées l'évêque Sénectaire; il semble que presque partout les catholiques triomphèrent. Mais ces triomphes ne purent
ni affaiblir ni intimider les protestants poussés à bout par les massacres de la Saint-Barthélemy. Il arriva même qu'au mois de
décembre 1573, la paix ayant été faite à Lottoire près de Quinte-
nas, entre le sieur de Pierregourde, chef protestant et Charles du
Peloux, commandant les catholiques, Pierregourde et d'autres con-
ducteurs de bandes quittèrent le Haut Vivarais où la guerre devait
être momentanément suspendue, se jetèrent sur notre province
et vinrent prêter main forte aux troupes des sectaires qu'avaient
affaiblies mais non vaincues Sénectaire et le baron de Saussac.

Ce fut alors qu'ils pénétrèrent plus avant dans notre pays de
Velay et que les catholiques eurent besoin de réunir toutes leurs
forces, et de se raidir avec toutes leur vigueur pour chasser successivement de leurs différentes places envahies, et refouler au-
delà des montagnes cette terrible invasion; nous ne ferons que
mentionner la marche de Pierregourde, qui, par lui-même ou
par ses lieutenants, s'empara de Montusclat, de Bellecombe, de
Bessamorel, de Chapteuil, de Saint-Quentin et même d'Espaly,
situé aux portes de la ville épiscopale. Mais nous raconterons plus
longuement l'aventureuse expédition d'un chef de routiers, nommé
Erard, qui, après avoir pris Tence, poussa son attaque par delà
Montfaucon, jusqu'à Saint-Pal-de-Monts.

L'année 1574 commença sous de sombres auspices. En ce temps, dit Belleforest, apparut au ciel une nouvelle étoile, grande comme l'étoile du jour, ayant la figure d'un rhombe ou lozange. Elle fut remarquée pour la première fois le 9 novembre 1573 par l'astronome Gême, et ce savant dit qu'elle ne remua pas de place, pendant l'espace de trois semaines, qu'elle fut vue pendant neuf mois ou environ en France, et dans plusieurs parties de l'Europe avec grande merveille de plusieurs.

Or pendant qu'on apercevait dans le ciel, ce signe d'un triste présage, Erard, natif de Vernoux, ancien étudiant de la basoche de Nîmes, se mit à la tête d'un grand nombre d'aventuriers de son génie et de sa façon. En quittant le Vivarais, où la paix conclue à Lottoire ne lui permettait plus ses ravages et ses déprédations, il s'avança vers le nord et marcha sur Tence. Au mois de janvier, favorisé par les idées de terreur qui régnaient partout et par la température douce qui signala cet hiver, il surprit les habitants de cette ville qui ne se tenaient point sur leurs gardes et dont la garnison avait été menée ailleurs, afin de tenir tête à Pierregourde, il s'empara du fort qui avait été démantelé et l'arma de nouveau. A cette nouvelle, les ministres des lieux circonvoisins, du Chambon de Saint-Voy et des Vastres vinrent se réunir auprès de lui, ainsi qu'un grand nombre de mécontents et d'ambitieux, qui embrassèrent la nouvelle religion uniquement pour parvenir à leurs iniques desseins. Nous pensons que ce fut alors que l'église de Tence fut brûlée, moins le chœur et la chapelle dite de la Sainte Trinité.

Les sectaires ne se contentèrent pas de cette première victoire, ils poussèrent leur pointe jusqu'à Saint-Pal-de-Monts dont le château fut pris le 11 janvier de cette même année 1574.

Mais le châtiment ne se fit pas longtemps attendre, et il fut rude autant que les coupables l'avaient mérité. Tence ne resta pas plus de quatre mois en leur pouvoir. Vers la fin d'avril, le fier baron Antoine de Saint-Vidal, accoutumé à se porter rapidement partout où le protestantisme forçait les barrières de notre province, était devant les murs de Tence et l'assiégeait avec les troupes qu'on lui avait envoyées de Lyon, et avec lesquelles il avait dans le courant du mois de mars repris jusqu'à cinq des places fortes qu'avaient occupées les protestants. Enhardi par ces succès, il poussa Erard avec la plus extrême vigueur ; sous ses ordres et pendant les vingt jours que le siège dura, le capitaine Maselet commandant le fort de Chambarlhac en Vivarais, et Portal commandant de la ville de Saint-Agrève, se distinguèrent par leur valeur, ainsi que les quatre frères de Chattes, seigneurs de la Brosse, qui, comme nous le verrons plus bas, étaient accourus à la défense de leur seigneurie de la Brosse. Les plus rudes assauts se donnèrent près du portail supérieur, au midi de la ville, à l'entrée de la route de Saint-Agrève. Il n'y a pas longtemps encore, près de la maison appartenant actuellement aux Frères, on a découvert en fouillant le sol, des pierres calcinées par l'incendie, des débrits de mousquets et de hallebardes, et autres indices d'une lutte acharnée. Saint-Vidal s'empara enfin de la ville par le moyen d'un catholique du dedans. Il fit passer tous les habitants au fil de l'épée et livra leur maison au pillage. Les ministres trouvés à Tence et qui étaient les auteurs des troubles de ce pays, furent pendus. Il y eut même un certain Chambonnet de Monistrol qui, étant tombé au pouvoir de Saint-Vidal, fut, quelques jours plus tard, conduit à Montfaucon, et là, arquebusé. Les historiens auxquels nous empruntons ces quelques détails, ajoutent que dans le sac de Tence, les soldats éventrèrent les morts parce qu'ils avaient su qu'un homme avait avalé des pièces d'or pour les soustraire et les sauver du pillage.

Erard qui avait été fait prisonnier par le capitaine Portal, parvint à se tirer, la vie sauve, du milieu de tous les massacres, Saint-Vidal auquel il avait été remis, le relâcha pour de l'argent, contre le gré de tout le peuple, offensé de ses cruautés et de ses rapines. Il ne méritait pas en effet ce sort heureux que lui fit l'avarice de quelques uns des chefs catholiques. Durant les premiers mois de 1573, s'étant fortifié dans les terres de Munas et d'Auriol en Vivarais, Erard avait fait des courses et exercé bien des atrocités dans la plupart des villages voisins. Il arrêtait les paysans qu'il rencontrait, afin d'en obtenir de l'argent ; il leur garottait la tête avec une corde nouée, qu'il serrait ensuite au moyen d'un tour. On ajoute que, par raffinerie de cruauté, curieux de voir combien de temps un homme pouvait vivre sans manger, il laissa mourir de faim plusieurs de ses prisonniers et que l'un d'eux cependant vécut jusqu'au neuvième jour. Erard échappé au supplice par la faute de Saint-Vidal, alla recommencer la guerre en Haut Viva-

rais. Pendant près d'une annnée encore maître du château de la
Mastre il fit dans les environs des courses et des ravages terribles,
jusqu'à ce qu'enfin il reçut d'un des sectaires de sa religion, la
récompense qui lui était due.

Vers le 3 février 1575, le seigneur de Rochegude, qui était,
croyons-nous, Charles de Barzac, ancien chanoine, mais ayant
embrassé la Réforme, ennuyé et lassé de tant de brigandages,
s'avança du côté de la Mastre, et se saisit adroitement d'Erard et
de son lieutenant Lachaud, lesquels ne se méfiant point de lui, et
s'étant toujours avoués du parti protestant, osèrent venir le saluer
et lui donnèrent des marques de respect comme étant leur gouverneur.

Mais Rochegude les fit arrêter sur le champ, et après quelque
procédure sommaire, il ordonna de les pendre aux créneaux du
fort, et de mettre en liberté six ou sept laboureurs et beaucoup
d'autres prisonniers que le chef de bande tenait depuis longtemps
dans ses basses fosses et auxquels il faisait éprouver les plus affreux
tourments. On dit que quand Erard sut qu'on allait le pendre, il
demanda au seigneur de Rochegude si son plein chapeau d'écus
d'or ne lui sauverait pas la vie. Ce qui le faisait parler de la sorte,
c'est que, en deux autres circonstances, il avait échappé à la mort
au moyen de fortes rançons. Mais cette fois pareille grâce lui fut
refusée. Un chef protestant moins cupide et plus juste que n'avaient
été les chefs catholiques, infligea à ce grand coupable la punition
exemplaire qu'il avait méritée.

Nous avons dit plus haut que les quatre frères de Clermont-
Chatte faisaient partie de l'armée catholique qui assiégea et délivra
Tence. Comment supposer en effet qu'ils ne soient pas venus porter secours à cette ville près de laquelle se trouvait le siège de
leur baronnie et où reposaient les cendres de leurs pères et de
leurs aïeux, et qu'ils se soient tenus éloignés au moment de ce
siège, qui peut bien n'être qu'un petit événement dans l'histoire, mais qui pour eux dut avoir une grande importance. Il
est vrai qu'aucune chronique ne mentionne leur présence auprès
du baron de Saint-Vidal, et parmi les gentilshommes qui com-
mandaient sous ses ordres; et à cause de ce silence malgré
l'envie qui nous pressait de rattacher ce siège à l'histoire de
leur baronnie, nous n'aurions pas osé affirmer qu'ils y eussent

pris part, si un document n'était venu rendre plus probable notre assertion.

Voici ce document que nous avons cité déjà, mais qu'il est utile d'examiner avec un peu plus d'attention. Le siège de Tence commencé à la fin du mois d'avril et qui dura vingt jours, ne dut se terminer que vers le milieu de mai. La reprise de Saint-Pal-de-Monts qui suivit celle de Tence, dut bien retenir jusqu'aux premiers jours de juin, sous les murs, les troupes de Saint-Vidal; or le dix-neuvième, peut-être le neuvième jour de ce mois de juin mil cinq cent septante-quatre, un mariage se faisait à Lanyel, domaine noble situé près de Tence, entre noble Charles de Joux, fils de noble Mathieu de Joux, seigneur de Lanyel, et de demoiselle Philippe de Raucoules, et demoiselle Jeanne Blaynier dite de Queyrières, veuve de feu noble Jean de Changeas, et les quatre premiers témoins qui signèrent le contrat, même avant Claude de Pélissac, qui tenait lieu de conseil et de tuteur à l'épouse, furent : puissant seigneur Charles de Chattes, seigneur de la Brosse, Aymard de Chattes, chevalier de Rhodes, François de Chattes seigneur de Vernoux, Jean de Chattes, comte de Saint-Jean, frères. Après eux, signèrent Claude de Pélissac, messire Jean Olivy curé de Marlhes, noble Louis de Joux et maître Rivière, notaire à Tence. Puisque les seigneurs de la Brosse se trouvaient à Tence, quinze jours après le siège de cette ville, il nous a semblé hors de doute qu'ils assistèrent à ce siège.

On peut se demander encore pourquoi leur présence à ce mariage de l'héritier de Lanyel, qui était un de Joux, issu d'une branche des de Joux, fixé à Lanyel, tandis qu'aucun membre de l'autre branche qui avait gardé Joux, campagne très voisine de Lanyel, ne se trouvait à cette même réunion de famille ? On peut faire sans doute à cette question plusieurs réponses. La nôtre serait que dès cette époque, peut-être pendant le court intervalle qu'Erard fut maître de Tence, la maison de Joux, et son domaine noble, étaient venus au pouvoir d'un chef protestant, non par voie de conquête, mais par suite d'une alliance et que c'est là le motif pour lequel aucun seigneur catholique ne parut à ce mariage catholique, fait au moment où la rupture entre catholiques et protestants était plus vive; et l'animosité plus ardente. Nous voyons en effet dans le testament de noble François Durranc, seigneur de Joux, fait à Joux le 7 février 1621, qu'en 1574, demoiselle Marguerite de Joux devait posséder Joux, qu'elle était alors l'épouse ou la veuve d'un Geissants, seigneur de Joux, et que leur fille Gasparde de Geissants de Joux, devient la femme, le 30 octobre 1584, de François Durranc, châtelain de Boffre en Vivarais et protestant. Peut-être même que ce Geissants, époux de Marguerite de Joux, était un Geissants de Chattes, et que par cette parenté ou alliance, s'expliquerait la présence des quatre frères de Chattes au mariage de Lanyel. Il reste toujours vraisemblable néanmoins que l'hérésie à cette époque avait infesté la maison de Joux, ou par la faiblesse des Geissants, ou par l'intrusion des Durranc; puisqu'en 1621, au lieu de reposer au cimetière de Tence, les restes de N. de Plafay, oncle de François Durranc et de Marguerite de Joux, sa belle-mère et de Gasparde de Geissants de Joux, sa femme, reposaient au Chambon de Tence. Mais il faut ajouter que le protestantisme ne se maintint pas à Joux pendant deux générations d'hommes. Danyel Durranc, fils de François, fit son abjuration à l'heure de la mort, gagné par les conseils et les prières de sa vertueuse épouse Lucrèce de la Planche, la fondatrice des sœurs de Saint-Joseph dans notre diocèse.

Les jeunes seigneurs de la Brosse restèrent dans leur baronnie durant l'année 1575, occupés sans doute à réparer les désastres et les ravages qu'y avait causés l'invasion protestante, ou bien se préparant à aller de nouveau, dans les différents endroits où les appelait le grand crédit de leurs parents de Joyeuse pour combattre dans les armées du roi, pour la défense de la religion. C'est ainsi que nous trouvons Aimard le chevalier de Rhodes, étant encore à Tence le 7 mars 1575, et faisant son testament devant maître Rivière, notaire de cette ville. Il institue pour héritier de ses biens, Charles de Chattes son frère aîné, et lui, décédant sans enfant, il lui substitue son autre frère François, encore un second motif pour croire que Charles ne fut pas comte de Lyon en 1564, comme le dit Aubaïs, qu'il resta seigneur de la Brosse et avec la liberté de se marier jusqu'en 1574, et même jusqu'en 1575, et que ce ne fut que par suite de son décès, sans alliance et sans progéniture, entre 1575 et 1580, que son frère François lui succéda dans le gouvernement de la Brosse.

François II de Clermont-Chattes

Baron de la Brosse de 1575 et plus à 1594.

M. Mandet a fait de François II de Clermont-Chattes le portrait
suivant[1] : « Le parti royal (de 1587 à 1589) avait à sa tête un jeune
« homme dévoué corps et âme à Henri III, le protecteur, l'ami,
« l'allié de sa famille. Ce jeune homme était François de Clermont-
« Chattes, baron de la Brosse, seigneur de Charpeys, la Faye,
« Saint-Just, Vernoux. François avait passé ses jeunes années à la
« cour, et n'était venu dans la province qu'après la mort du bailly
« (son père). Avec Louis Armand de Polignac et son frère le baron
« de Chalencon, il menait joyeuse vie sans s'inquiéter de ce qui
« se passait autour d'eux, autrement que pour poursuivre de leurs
« sarcasmes, le stoïque gouverneur (Saint-Vidal), le sanglier
« comme ils l'appelaient. De Chattes, qui venait d'être nommé
« sénéchal vers 1587, épousa la veuve de Louis Armand, mort un
« peu auparavant, et dès lors il s'occupa avec une incroyable
« ardeur, des affaires publiques. Qu'il restât sédentaire dans ses
« châteaux de la Brosse ou de Polignac, que par le mauvais temps
« il chevauchât à travers nos montagnes couvertes de neige, c'était
« bien le plus galant, le plus magnifique gentilhomme qu'on pût
« voir. Il avait une figure charmante, la voix douce, le regard
« noble, le sourire gracieux, la parole bienveillante. Il s'en allait
« toujours vêtu à la dernière mode, les mignons eux-mêmes
« n'avaient pas de pourpoints plus richement brodés. Il portait la
« fraise à grands canons comme tous les raffinés et prenait aussi
« un soin merveilleux de sa moustache et de sa barbe. Sa
« démarche était nonchalante, ses manières efféminées, ses goûts
« très fastueux. Il aimait les fêtes, les banquets, les chasses
« bruyantes, enfin tout ce que pratiquaient les jeunes seigneurs
« voluptueux de la cour des Valois Médicis. Cependant sous ces
« frivoles apparences, personne au monde ne cachait un caractère
« plus viril, une âme plus fortement trempée; personne, une fois
« la résolution prise, ne savait faire plus facilement marché de sa vie
« que ce beau jeune homme. Quand le devoir l'appelait, on ne

1. *Histoire du Velay.* Tome V pages 260-262.

« pouvait le retenir. Il s'élançait le premier au plus fort du péril
« et, comme s'il se fut fait un jeu de la mort, on le voyait la bra-
« ver témérairement en toute rencontre. »

Nous croyons que M. Mandet n'a pas connu ou n'a pas voulu
apprécier comme il aurait dû le faire, les premières années de
François II de Clermont-Chattes et que c'est là la raison pour
laquelle, il en a tracé le portrait qu'on vient de lire, portrait de
fantaisie et plein d'exagération pour le mal comme pour le bien
qu'il raconte de son héros. A notre avis François ne fut ni si
mignon ni si efféminé, ni non plus si bravache qu'on a voulu le
peindre. Nous distinguerons dans sa vie deux périodes ; celle où il
combattait le protestantisme, et celle où, moins ennemi des protestants, il combattit les Ligueurs ; et les faits que nous allons raconter diront mieux que tous les raisonnements, ce qu'il faut penser
de lui.

Il est certain d'abord que, de 1573 à 1589, durant l'espace de
seize ans, il fit une rude guerre à la nouvelle Réforme, et se montra plein de zèle pour le soutien de la foi catholique.

Lorsqu'en 1572, éclata la troisième guerre civile, ne pouvant
être âgé tout au plus que de vingt-quatre ans, il alla dans le Languedoc se réunir à ses cousins, seigneurs de Joyeuse et avec eux
pendant deux années il prit part à un grand nombre de petites
batailles où il se fit remarquer par sa bravoure. Ainsi l'histoire du
Languedoc mentionne que, le 25 juillet 1573, en compagnie des
jeunes Chalabre et Compendu, neveux comme lui par leur mère
de Guillaume de Joyeuse, maréchal de France et baron de Saint-
Didier, François de Chattes faisait partie de la belle cavalerie du
maréchal Damville, lequel à la tête d'un corps de 2,700 hommes,
battit les protestants entre Nîmes et Milhau, et elle ajoute que le
seigneur de la Brosse se comporta très bien en cette occasion et
que son courage mérita les éloges de tous ses compagnons d'armes.

Le 29 mars 1574, il accompagna son oncle, ce même duc de
Joyeuse, lorsqu'il partit d'Avignon et se rendit à Toulouse pour
combattre la Valette. Ce fut probablement durant cette expédition
qu'ayant reçu la nouvelle de la prise de Tence par Erard, et des
dangers qui menaçaient la baronnie de la Brosse, il accourut
promptement dans notre pays, où nous l'avons retrouvé le 9 juin,
avec ses trois frères, portant le titre de seigneur de Vernoux.

Puisque Aimar, le chevalier de Rhodes, était encore à la Brosse en mars 1575, époque où il fit son testament, il reste à croire que les trois frères de Clermont-Chattes firent un assez long séjour, de 1574 à 1576, dans leur château auprès de leur mère, Paule de Joyeuse.

En février 1577, le capitaine Merle, chef protestant, s'était emparé d'Ambert et, une fois maître de cette ville, il avait exercé pendant près de deux mois, de grands ravages dans toutes les localités voisines. Mais en avril, Saint-Herem, gouverneur d'Auvergne, forme le siège de cette place importante, et parmi les seigneurs du Velay qui vinrent lui prêter main forte, on compte le baron de Saint-Vidal et deux membres de la maison de Chattes; l'un que M. Imberdis appelle le marquis de Chattes, commandant l'infanterie, et un autre nommé simplement le commandant de Chattes.

Ce dernier fut tué dans une sortie où les catholiques perdirent trente hommes. En supposant, comme c'est fort probable, qu'il appartenait à la maison de la Brosse, ce devait être ce Jacques de Chattes que nous avons nommé parmi les enfants de François I de Clermont-Chattes, et qui mourut sans alliance.

Le marquis de Chattes, commandant l'infanterie ne pouvait être que François II, seigneur de Vernoux, ou peut-être même déjà, seigneur de la Brosse, et associé comme compagnon d'armes à Saint-Vidal. M. Imberdis ne révoque pas en doute son courage; mais il semble prendre plaisir à raconter sur le jeune baron des historiettes plutôt amusantes que sérieuses et véritables. Suivant cet auteur, un jour que les catholiques ralentissaient leur attaque, les protestants assiégés attachèrent à une mince butte un chat vivant, auquel ils avaient ajusté des gants fourrés en dérision du commandant de l'infanterie qui s'appelait le marquis de Chattes, et ils descendirent doucement le pauvre animal dont les miaulements plaintifs amusaient beaucoup les religionnaires. Puis le même auteur, racontant la prise d'Issoire en juin 1577, mentionne encore le même fait et dit que, parmi les gentilshommes qui se firent remarquer par leur haine contre Chavaignac, chef des protestants, on doit placer Clermont-Chattes et qu'il fit preuve d'une grande soif de vengeance parce qu'il n'avait pas oublié les insultes dont il avait été l'objet sous les murs d'Ambert.

M. Imberdis se laisse égarer ici, comme d'ailleurs en beaucoup d'autres endroits de son histoire par ses préventions constamment défavorables aux catholiques et pleines d'indulgence pour les protestants. Il aurait pu, si toutefois le marquis de Clermont-Chattes se montre trop emporté, excuser cet emportement, ou par sa jeunesse (il n'avait que 27 ans encore) ou par le souvenir de la mort récente du commandant de Chattes qui était probablement son frère, peut-être aussi aurait-il dû, dans le fait des chats suspendus par les assiégés d'Ambert, ne pas voir une insulte faite au marquis de Chattes, mais un simple amusement des soldats, qui se répétait à cette époque dans beaucoup de sièges. « En 1552, dit « Ambroise Paré, au siège de Metz, pendant lequel François I « de Clermont-Chattes (le père de celui dont nous parlons) se « trouvait et se distinguait au nombre des assiégés ; ceux-ci pour « se moquer des assiégeants, attachèrent des chats vivants au « bout de leurs piques et les mettaient sur la muraille et « criaient avec les chats : Miaou, miaou. Véritablement, les im- « périaux avaient grand dépit d'avoir été si longtemps à faire « brèche avec grande dépense. Ils se jetaient sur les pauvres « chats et les tiraient à coup de harquebuses, comme l'on fait au « papegault. »

François I devait sans doute une fois ou l'autre, durant les longues veillées d'hiver à la Brosse, avoir parlé à ses fils de cette sorte d'amusement, auquel peut-être il avait pris part, et ses fils, quoique portant le nom de Chattes, ne pouvaient, étant ainsi prévenus, y voir une insulte directe capable de leur imposer la soif de la vengeance.

Lorsque les protestants eurent été battus en Auvergne, à Plafay, à Beaudinet, François de Chattes alla leur tenir tête et continuer de leur faire la guerre dans le Dauphiné, où quelques unes de leurs bandes menaçaient les riches domaines que sa famille possédait encore dans cette province. Ainsi en 1579, nous le trouvons à Saint-Marcellin, où il s'efforçait de persuader à Maugiron de consentir à ce que les gentilshommes de la Côte Saint-André, en fortifiassent le château pour se défendre eux et leur famille, contre la ligue protestante.

En 1580, le commandeur de Chattes, c'est-à-dire Aimar, assista aux États du Velay, pour représenter le baron de la Brosse qui dès lors était, croyons-nous, François II son frère. Cependant, nous devons dire qu'aucune preuve certaine n'atteste encore à cette époque, la mort de Charles I de Chattes.

Ce qui expliquerait l'absence du baron de la Brossse pendant la tenue des Etats, c'est que au mois de septembre de cette même année 1580, François de Chattes se trouvait, en sa qualité d'enseigne de Saint-Vidal, au siège de Saint-Agrève. Un homme de résolution et de coup de main, Lacroix, capitaine protestant, était parvenu à se rendre maître, non seulement de Saint-Agrève, mais d'un grand nombre de châteaux voisins, et de cette ville, il avait fait comme une forteresse, d'où il faisait de nombreuses incursions et menaçait continuellement d'ouvrir la porte du Velay, aux bandes qui venaient du Languedoc. Saint-Vidal ayant reçu ordre du roi de se rendre maître de cette place y arriva le 16 septembre, accompagné d'un grand nombre de gentilshommes du pays, parmi lesquels on remarquait le vicomte de Polignac, le baron de Latour-Maubourg et François de Chattes. Dès le 22, les canons battirent les murs avec tant de vigueur que la brèche fut bientôt praticable. En vain Chambaud, autre capitaine protestant, voulut à la tête de 80 chevaux et de 1,200 arquebusiers, porter des secours et des vivres aux assiégés, il fut repoussé avec de grandes pertes et eut de nombreux morts. Les assiégeants crurent donc pouvoir tenter un assaut dès le 24, mais Lacroix se défendit avec courage ; le combat, interrompu par la nuit, recommença le lendemain avec une égale furie de part et d'autre. A la fin, cependant, les protestants durent céder et abandonnèrent furtivement la place après y avoir mis le feu. Cette victoire fit honneur, mais coûta cher aux catholiques. Saint-Vidal eut un œil crevé par la balle d'une arquebuse. François de Chattes y reçut une blessure, ainsi que plusieurs autres gentilshommes qui assistèrent à ce siège. Saint-Vidal profita de la terreur qu'inspira aux protestants la prise de Saint-Agrève pour les attaquer avec succès et les chasser des châteaux qu'ils occupaient sur la frontière du Haut-Vivarais, et ce fut alors sans doute dans quelques-unes des rencontres qui eurent lieu, que François de Chattes eut son cheval tué sous lui, et que son frère Aimar le commandeur parvint à se rendre maître du capitaine protestant nommé Vacheresse, celui qui avait longtemps occupé le fort de Devesset.

Durant la courte paix qui suivit la prise de Saint-Agrève, des rivalités puis de grands désordres éclatèrent au Puy entre les habitants de cette ville et leur gouverneur, Saint-Vidal d'un côté, et de l'autre le vicomte de Polignac qui entraîna dans son parti François de Chattes. Le 3 du mois de mai 1581, un bourgeois du Puy ayant frappé la femme d'un des officiers du vicomte, ce dernier voulut châtier le coupable de ses propres mains, et osa venir publiquement dans la ville, pour exécuter son projet de hautaine vengeance. Les habitants s'étant révoltés contre lui et l'ayant repoussé hors du faubourg des Farges, il s'irrita et parcourut les boulevards au grand galop de son cheval, en compagnie de plusieurs cavaliers au nombre desquels était François de Chattes ; il frappa plusieurs citoyens paisibles dont quelques-uns moururent des suites de leurs blessures. On commença des poursuites judiciaires contre le vicomte et le sieur de Chattes. L'irritation cependant ne fit que s'accroître et les citoyens se battirent plus d'une fois avec les soldats qui tenaient garnison à Polignac, et Rochebonne porta une sentence de mort contre les deux seigneurs les plus coupables de la troupe. Le vicomte, comprenant que l'affaire devenait fort sérieuse, chercha bien à obtenir que le conseil du roi évoquât l'instruction de ce procès, mais la ville et les États du Languedoc eux-mêmes s'opposèrent longtemps à cette évocation et demandèrent qu'on exécutât la sentence, jusqu'à ce qu'enfin le duc de Joyeuse tout puissant à la cour et parent du sieur de Chattes, obtint une ordonnance du conseil privé le 1er avril 1582, qui se borna à condamner le vicomte à payer certaines sommes aux familles de ceux qui avaient été victimes.

La réconciliation pourtant ne fut bien complète entre la ville et le château que le 7 mars 1582, jour où le vicomte et François de Chattes se rendirent à l'église de Notre Dame afin de remercier Dieu publiquement de l'apaisement et de la fin de cette malheureuse discorde.

L'année 1586 fournit à François de Chattes une belle occasion de laver l'espèce de tâche qu'avait laissée sur lui la sentence de Rochebonne, et en le ramenant sur le champ de bataille, le retira du milieu des loisirs du château de Polignac, où, près du vicomte et de sa femme, il jouait un rôle qui prêtait aux conjectures, dit un auteur. Au commencement de juin il part du Velay avec son régiment qui était composé de 3,000 hommes de gens de pied et de soixante maîtres, levés soit dans notre pays, soit en Auvergne, pour aller au secours du duc de Joyeuse en Languedoc. Pendant sa marche, il jeta l'épouvante dans une petite ville nommée Viterbe à une lieue de Lavaur, puis il marcha droit à Montesquieu où l'attendait Cornusson. Cornusson et de Chattes, dit l'histoire du Languedoc, furent dans cette guerre les principaux officiers de Joyeuse.

Quand toutes ces troupes furent réunies, on investit Montesquieu le 23 juin. Le 27, sept canons que Cornusson avait amenés de Toulouse, tirèrent sur la ville plus de 400 coups, dit le baron d'Ambres, jusqu'à 1,500 dit Faurin. Malgré le secours que voulaient apporter aux assiégés les capitaines protestants Tanus, la Finasses, Bessières, Bousquet, Maugion, Combaulives à la tête de 3,500 hommes, la place dut se rendre et se rendit le 3 ou le 5 juillet. Les habitants et les gentilshommes sortirent avec un couteau et une pistole, et les soldats un bâton à la main, et tous furent conduits à Mazères et à Pamiers, pendant que leur ville était rasée et brulée pour les voleries qui y avaient été faites.

De Montesquieu, les vainqueurs allèrent attaquer le Mas-en-Puelle, et le siège dura du 10 au 20 juillet. Le maréchal de Joyeuse vint y rejoindre Cornusson et de Chattes. Encouragés par sa présence, les soldats catholiques y livrèrent plusieurs assauts qui furent vaillamment repoussés par les chefs protestants; Sabot, Pelzas, Portal et la Roque. A la fin, soit faute de munitions, soit à cause des décès qu'occasionnaient les fortes chaleurs, on leva le siège. Les catholiques y perdirent 400 hommes et deux fois autant par les maladies. Le reste des troupes du régiment de Chattes, reprit alors le chemin du Velay.

Malgré l'échec de Mas-en-Puelle, cette expédition que François de Chattes venait de faire pendant deux mois en Languedoc, fut pour lui assez glorieuse. Sans doute que les éloges qu'il recueillit à son retour, et la brillante renommée qu'il s'était acquise, contribuèrent beaucoup à lui procurer soit la noble alliance qu'il contracta alors, soit l'éminente charge dont il fut revêtu.

Le premier mars 1587, il fut nommé sénéchal du Puy, aux lieu et place de Rochebonne qui mourut ou donna sa démission.

Dans le courant de la même année, il épousa la jeune veuve du vicomte de Polignac, mort à Paris en 1584. C'était une femme d'une grande énergie de caractère et elle en donna de nombreuses preuves durant nos guerres civiles. Presque tous nos historiens ont soupçonné des motifs peu avouables et prêtant à la critique, dans son alliance avec le baron de la Brosse. Nous ne voulons pas sans doute faire de lui un chevalier sans reproche, puisque ses défauts en matière de moralité ont passé dans l'histoire ; disons néanmoins, pour soutenir et défendre un peu sa réputation, qu'il convient de se tenir en garde contre les reproches que les habitants du Puy, ennemis déclarés de sa personne et de celle du vicomte, lui adressèrent ainsi qu'à la jeune veuve, parce que ces reproches durent être terriblement exagérés. Ajoutons de plus que Françoise de Saint-Herem ne voulant pas, ou même ne pouvant pas rester dans le veuvage à cause de sa jeunesse, à cause des dangers que courait sa maison au milieu des troubles, aurait eu peine à trouver en Velay un époux plus noble, plus ferme, plus en crédit à la cour, en un mot, plus digne d'elle, que François de Clermont-Chattes, seigneur de Chattes, de la Brosse et de Vernoux, chevalier de l'ordre du roi et capitaine de cinquante hommes d'armes de ses ordonnances.

Toujours est-il que si son mariage se fit dans les premiers mois de l'année, il ne dépensa pas trop longuement son temps en noces et en festins, comme le lui reproche un conteur, puisque le 12 juillet 1587 il semble déjà être reparti pour le Languedoc. Ce jour là, dit l'histoire, les protestants de Nîmes tinrent conseil contre Pibres et Chattes.

Cependant l'infatigable Chambaud, s'était de nouveau emparé de la place de Saint-Agrève, et relevant ses fortifications, détruites par Saint-Vidal huit ans auparavant, il en avait fait un poste presque imprenable. Saint-Vidal comprit bien tout le mal que ces religionnaires, maîtres de cette ville, pouvaient faire en Velay. Encore une fois donc, il se réunit au seigneur de Tournon et à François de Chattes, et tous les trois, à la tête d'un corps de dix mille hommes, ils marchèrent sur Saint-Agrève. On arriva devant la place, le 5 septembre 1588. Après avoir battu les murailles à coups de canon, on voulut tenter l'assaut, mais Chambaud se défendit avec une vigueur à laquelle on ne s'attendait pas et le siège traîna en longueur jusqu'au 8 octobre. Fatigués de perdre inutilement du temps devant une ville qu'il fallait renoncer à emporter d'assaut, les chefs catholiques proposèrent à leur ennemi des conditions honorables. Chambaud les accepta ; il quitta Saint-Agrève avec toute sa garnison, tambour battant, mèche allumée, accompagné dans sa retraite par de Chattes qui le protégea contre les insultes des maraudeurs de l'armée catholique.

Saint-Vidal resta sur les lieux quelques jours encore, pour faire raser entièrement et plus complètement encore qu'en 1580, les fortifications de Saint-Agrève, et de Chattes s'en alla faire avec quelques troupes, le siège du château d'Agrain. Le capitaine protestant qui commandait dans ce château était Antoine de la Garde, dit le cadet de Chambonas ; il était membre d'une noble et illustre famille, qui fut à la fin du xviiᵉ siècle, maîtresse de la baronnie de Dunières. Mais à cette époque l'hérésie avec ses espérances de pillage et de libertés de toutes sortes, avait gagné jusqu'aux fils des plus anciennes maisons, et surtout les cadets, qui ayant un avenir moins brillant et moins assuré, se laissaient entraîner plus facilement à prendre un parti qui leur promettait une plus grande et plus rapide fortune. De là, un grand nombre de chefs protestants, mais protestants sans conviction aucune, uniquement par calcul, qui profitaient de toutes les occasions favorables pour revenir au parti catholique par le moyen d'honorables compositions, et avec lesquels on employait volontiers les arrangements pécuniaires. C'est ce que de Chattes fit pour le château d'Agrain avec le cadet de Chambonas. Quelquefois, on réussissait en sacrifiant certaines sommes à désarmer ces rebelles, et d'autrefois on était dupe de leurs frauduleuses promesses, parce que, chassés d'une place ils allaient se réunir à d'autres bandes et recommencer la guerre sur une autre partie du territoire.

Ici se termine la première période de la vie de François de Chattes, tout occupé à faire une rude et loyale guerre au protestantisme, et cette portion de sa vie est bien celle que nous aimons le plus. Il montra une grande générosité, un grand courage et un grand zèle pour la défense de notre religion. Qu'il ait eu ensuite de bonnes et excellentes raisons pour embrasser à partir de 1588, le parti du roi et combattre la Ligue, que par sa politique habile et clairvoyante, il ait même rendu quelques signalés services à notre pays, nous ne voulons pas le nier et déjà même nous en avons fait pour lui et pour son frère Aimar, un sujet d'éloges : toutefois, en continuant de raconter ses faits et gestes, si nous ne cessons pas d'estimer en lui et d'admirer le chef des politiques, nous garderons avec plus d'amour et d'affection, le souvenir du jeune chef catholique qui, pendant plus de seize années consécutives, assista à tant de sièges et tant de batailles, et exposa si souvent sa vie pour combattre et rejeter loin de nos frontières, l'invasion protestante.

François II de Clermont-Chattes

Baron de la Brosse (suite) 1588. — La Ligue.

Tous les écrivains protestants et beaucoup d'écrivains catholiques se déchaînent contre les Ligueurs. Venant de la part des premiers, cette hostilité nous étonne peu, même elle nous semble s'expliquer très facilement. De la part des seconds, nous avons plus de peine à le comprendre, et les raisons par lesquelles on cherche à la motiver nous paraissent peu convaincantes.

On dit que les Ligueurs exagérant l'esprit catholique, le portèrent jusqu'au fanatisme, qu'ils se montrèrent disposés à faire le sacrifice du principe de la légitimité, pour garder inviolable, leur principe d'unité religieuse, qu'ils compromirent l'indépendance nationale en s'alliant à l'Espagne, et en lui demandant presque un successeur au trône de France.

Après avoir jeté ses blâmes et beaucoup d'autres à ceux qui embrassèrent le parti de la Ligue, on exalte et on élève bien au-dessus d'eux, quelquefois les protestants eux-mêmes, mais surtout les royalistes-politiques ; parce que ces derniers se plaçant entre les deux extrêmes, et usant d'une adroite et sage modération réussirent à mieux concilier les choses et à prévenir les grands dangers que l'on avait à craindre.

Avouons encore une fois que les royalistes-politiques, purent avoir de très bonnes intentions, en faisant ce qu'ils firent et qu'on serait téméraire si on voulait les condamner. Mais pour admettre que leur conduite fut bonne, sous bien des rapports, il n'est pas nécessaire, croyons-nous, de dire que celle des Ligueurs fut mauvaise. Les deux opinions avaient chacune, pour s'autoriser, des raisons assez solides ; elles étaient l'une et l'autre assez probables, puisqu'il y eut dans les deux camps, des hommes également estimables, et d'une égale bonne foi. Peut-être même serait-il permis d'avancer et de soutenir que les royalistes sans le secours des Ligueurs, non plus que les Ligueurs sans le secours des royalistes, ne seraient jamais parvenus à concilier ensemble les deux principes nécessaires de la légitimité et de l'unité religieuse, et que c'est aux uns autant qu'aux autres que revient le mérite et qu'on doit reconnaissance, pour avoir sauvé la patrie des écueils contre lesquels elle fut plusieurs fois à cette époque sur le point de se briser. De cette façon et avec cette manière de voir, nous pourrons, comme nous l'avons annoncé déjà, continuer d'estimer celui qui fait le principal sujet de cette notice, quoique nous aimions également, et davantage peut-être, plusieurs de ceux qu'il combattit ou qui le combattirent.

Mais que répondre à ce qui a été dit tout à l'heure contre les Ligueurs. Par exemple qu'ils allèrent jusqu'au fanatisme ? Pour plusieurs d'entre eux il faut bien reconnaître qu'il en fut ainsi, comme cela arrive d'ailleurs et toujours dans les partis où le peuple se mêle et principalement quand ces partis se forment à la suites de graves insultes et de violentes provocations, qui mettent pour ainsi dire le feu aux sentiments généreux des masses et les convertissent en délire ; et on peut bien dénommer ainsi les massacres de Blois et tant de scènes qui eurent lieu par ordre du tribunal des Seize. Mais qu'on accuse de fanatisme tous ceux et même le plus grand nombre de ceux qui jurèrent de soutenir et soutinrent la Sainte Union, c'est une autre chose. Le fanatisme ne raisonne pas et on raisonnait passablement bien dans plusieurs assemblées, où se prêta le serment de la Sainte Union. Entre autres, dans celle qui se tint au Puy le 3 avril 1589. « Ce fut un grave magistrat, « dit M. Mandet, qui vint, au nom de l'honneur et des lois outra- « gées indignement, tracer de nouveaux devoirs aux populations « de la province ; jamais assemblée populaire ne s'était montrée « plus respectueuse, plus attentive, quoique deux mille personnes « y assistassent. Messire Vinhals, président au Parlement, y déplora « l'égarement du roi, les trahisons de la cour, l'audace des reli- « gionnaires, la coupable indifférence des politiques. Non seule- « ment il entreprit de démontrer la nécessité d'une coalition, mais « il représenta comme notablement juste que tout honnête homme « ne pouvait lui refuser son concours. » En parlant de la sorte on peut se tromper, mais à coup sûr on n'est pas fanatique.

Les Ligueurs, ajoute-t-on, se montrèrent disposés à faire le sacri_
fice de la légitimité, pour garder inviolable celui de l'unité religieuse. Si on veut dire que pour conserver l'unité religieuse en
France, ils refusèrent d'y tolérer le protestantisme et l'exercice de
cette nouvelle secte ; quant au peuple cette accusation est fausse ;
les nombreux traités, édits et ordonnances de 1562, 1563, 1568, 1570
qui se succédèrent en faveur des nouveaux réformés, témoignent
hautement du contraire, et montrent qu'on leur laissa dans chacune de ces occasions, le libre exercice de leur culte, comme nulle
part les catholiques ne l'avaient alors dans les nations protestantes.
Les Ligueurs, quand vint le moment de la scission dans le grand
parti national opposé au protestantisme, ne pensèrent pas autrement à ce sujet que les royalistes politiques. Si on veut dire que, à
partir de 1589, les Ligueurs ne voulurent plus laisser sur le trône
de France, un prince qui assiégeait les plus forts soutiens du parti
catholique, qui frayait le chemin jusqu'au trône, à un successeur
ouvertement hérétique, qui laissait déjà et menaçait de laisser
encore davantage plus tard, non seulement le libre exercice de leur
religion aux prétendus réformés, mais la libre carrière et l'entier
pouvoir d'opprimer actuellement le catholicisme et de se préparer
à le renverser ensuite — ce prince et ce successeur fussent-ils d'ailleurs légitimes? Oui, les Ligueurs se montrèrent disposés à faire
le sacrifice de cette légitimité pour garder inviolable, et dans ce
sens, leur principe d'unité religieuse. Mais, eurent-ils tort? Doit-
on pour cela leur faire un énorme reproche. L'affirmer est chose
facile ; il est plus difficile, croyons-nous, de le prouver, parce que
le second de ces principes pourrait bien être, pourrait du moins
paraître aux Ligueurs, tout aussi important et même plus que le
premier. On n'avait jamais vu jusqu'alors le prince hérétique ou
fauteur d'hérésie, monter sur le trône, et on avait vu des princes
légitimes en descendre, parce que si la mauvaise volonté d'Henri
de Navarre et de Henri de Valois rendait inconciliable l'unité
religieuse et la légitimité, le peuple restait libre, excusable du
moins, de tenir plus à sa religion qu'à sa politique, parce qu'enfin la légitimité d'un prince hérétique ou fauteur d'hérésie,
pouvait sembler alors et semblerait peut-être même aujourd'hui,
fort douteuse. La plupart de ceux contre lesquels nous avons
à défendre les Ligueurs, ne demandent pas tant de fautes de

la part des princes légitimes, pour les déclarer déchus de leur légitimité.

On dit, en troisième lieu, que les Ligueurs compromirent l'indépendance de la patrie, en faisant alliance avec l'Espagne et en lui demandant presque un successeur au trône de France. Ceci est encore une accusation calomnieuse. L'Espagne fit sans doute aux Ligueurs des propositions en ce sens, mais en dépit de leurs obligations envers l'Espagne, et du besoin que l'Union catholique avait de son assistance, ils se sentirent Français et rougirent de ce qu'on les avait cru capables d'accepter de tels engagements. Ainsi ne firent pas les Réformés. M. Capefigue, qui appartenait à leur religion, a dit d'eux : « Pendant que les Calvinistes furent le parti anti-« national, un parti de morcellement et de fédéralisme provincial, et « qu'ils firent ravager la France par les reîtres et les lansquenets, le « parti catholique et des Ligueurs conserva seul la nationalité fran-« çaise. » Ainsi ne firent pas les royalistes politiques eux-mêmes. Il est vrai qu'ils n'attaquèrent pas directement cette nationalité, mais ils ne la défendirent pas aussi franchement que les Ligueurs, parce qu'ils contractèrent alliance avec les protestants qui la respectaient peu. Sous ce rapport il n'y a donc pas de reproche à faire aux partisans de la Ligue, ou du moins, il ne doit pas leur venir ni de la part d'un protestant, ni même de celle d'un royaliste.

Le lecteur comprendra cependant qu'il n'est pas dans notre pensée de vouloir justifier, ni même excuser les crimes et les extravagances d'un certain nombre de Ligueurs. Le catholicisme qui était au fond l'esprit de la Ligue, ne les a point inspirés, et ne cessera jamais d'en gémir. Dans notre défense nous ne voulons pas aller plus loin qu'il n'est allé lui-même.

Telle est donc notre opinion à propos de la Ligue et nous entendons bien la garder, même en avouant les condamnables écarts de quelques-uns de ceux qui l'embrassèrent, même en accordant certains éloges au grand nombre de royalistes qui crurent devoir la combattre, et principalement au baron de la Brosse et à son frère Aimar de Chattes, parce qu'en réalité ces royalistes politiques admettaient les mêmes principes que les véritables et sincères Ligueurs, savoir : le maintien de la liberté catholique à l'encontre du protestantisme intolérant, l'indépendance nationale, l'incapacité pour un prince protestant, ou favorisant l'hérésie, soit de monter, soit de rester sur le trône et, par conséquent, la légitimité : mais la légitimité supposant la conversion du prince, si ce prince n'était pas membre de l'église, et s'il l'était déjà supposant au moins de sa part une manière de gouverner qui ne fut pas hostile à l'église et subversive de ses divines croyances.

La différence entre les Ligueurs et les royalistes ne portait donc pas sur les principes, mais sur le temps et la manière de les appliquer. Les premiers, après les massacres de Blois, perdirent toute confiance au roi Henri III et toute espérance de voir Henri de Navarre se convertir, et ils crurent que le moment était venu de rompre avec ces deux princes quoique légitimes, pour sauvegarder l'unité religieuse, et la liberté de la foi politique, laissant à la garde de Dieu, ou de maintenir le principe de la légitimité en changeant le cœur des deux princes, ou de pourvoir à un changement de dynastie ; les seconds songèrent de préférence au principe de légitimité, et s'obstinant à garder leur foi politique et à rester unis aux deux monarques, ils espérèrent qu'au moyen de cette union, ils ramèneraient, l'un à un gouvernement plus catholique, et l'autre à une sincère et finale conversion.

Il est vrai que la suite des événements a été favorable aux politiques, et donne lieu de croire que leurs prévisions furent justes. Nous qui connaissons aujourd'hui le glorieux règne d'Henri IV, nous sommes naturellement portés à les approuver et à les applaudir comme si c'était à eux seulement que la France en fût redevable. Il semble néanmoins qu'on peut, si l'on veut, leur accorder cette approbation et ces applaudissements sans trop noircir ni charger la conscience de leurs adversaires. Ou bien, en effet, on consentira à voir, dans le retour d'Henri IV, un coup de la grâce divine, ou bien on ne voudra y reconnaître qu'une conséquence toute naturelle des choses. Dans le premier cas, nous dirons que les Ligueurs qui ne savaient pas ce que le prince serait un jour, purent en le combattant agir avec raison et prudence, et cela, quoique l'événement paraisse leur avoir donné tort, parce que Dieu, dans les coups de sa grâce, a un peu l'habitude d'agir en dehors, et souvent même à l'opposé de la prudence et prévision humaine. Dans le second cas, nous répondrons que la ferme et énergique opposition des Ligueurs, ne fut pas sans influence sur la résolution que prit enfin Henri IV de se faire instruire et de se convertir. Si hardi qu'il fût à passer sur les obstacles, il savait aussi consentir à les tourner au besoin.

Ces explications étant données, sans doute un peu longuement, pas inutilement peut-être, nous allons reprendre le fil interrompu de notre notice.

Dès qu'il eut appris la nouvelle de ce qui venait de se passer aux États de Blois, le sénéchal de Chattes se déclara ouvertement pour la cour, tandis que Saint-Vidal prenait ouvertement, lui aussi, le parti de l'Union, et entraînait à sa suite, presque tous les habitants de la ville épiscopale, et l'évêque lui-même. On accuse le sénéchal d'être devenu royaliste par pure ambition, parce qu'il aspirait à supplanter Saint-Vidal dans le gouvernement de la province. Nous ferons remarquer néanmoins que, pour rester fidèle à sa cause, François de Chattes brisa avec tous ses parents issus de la maison de Joyeuse, lesquels auraient pu satisfaire son ambition et lui procurer plus d'honneurs que le parti opposé pouvait lui en promettre. D'ailleurs, ce parti des politiques à la tête duquel il se plaça, était alors bien peu nombreux. Comme tel, il n'existait pas encore dans le Velay et le sénéchal dut le créer et l'organiser. Au Puy, les royalistes clairsemés et comme perdus au milieu d'une population ardente pour la cause de l'Union, se montraient faibles et timides, et de là, il est bien permis de conclure que si l'ambition entra pour quelque part, elle n'entra pas comme seul ou même comme principal motif, dans la conduite du baron de la Brosse. Il fut entraîné plutôt par l'exemple de son frère aîné, le commandeur Aymar, et l'un aussi bien que l'autre, par les raisons que nous avons énumérées plus haut.

Le duc de Montmorency, lieutenant du roi en Languedoc, vit avec un grand plaisir la maison de Chattes se séparer de la maison de Joyeuse qui lui était hostile à lui-même. Il s'empressa d'ôter à Saint-Vidal le gouvernement du Velay et de le confier au baron de la Brosse, dont il connaissait le dévouement et la bravoure. C'est à partir de ce moment, dès les premiers jours du mois d'avril 1589 que nous voyons ce dernier, à peine revêtu de sa nouvelle charge et malgré le grand nombre de ses ennemis, déployer pendant trois années consécutives, afin de soutenir la cause du roi, une ardeur peu commune, faire preuve d'une activité incroyable, se porter rapidement sur tous les points attaqués, s'exposer dans les périls comme le dernier de ses soldats et obliger ses adversaires à reconnaître que son courage fut à la hauteur de sa position, et que la cause royale lui dut, en grande partie du moins, son triomphe dans le Velay.

Pendant tout le reste de l'année 1589, il prit et garda l'avantage sur les Ligueurs. Grâce à l'aménité de son caractère, à ses manières ouvertes et pleines de galanterie, à son courage chevaleresque et toujours prêt à affronter et à braver les périls, il sut gagner l'estime et l'affection de toute la noblesse et son parti devint dominant dans la plupart des villes du diocèse, excepté au Puy et à Monistrol. L'évêque Sénectaire lui-même se montra un de ses adhérents, au moins après le mois d'août, quand le roi Henri III eût été assassiné. Connaissant bien le côté faible de tous les habitants des grandes villes, et sachant que leur zèle politique, si ardent soit-il, ne tient pas longtemps contre la diminution de leur bien être-matériel, il plaça des corps d'armée sur les trois routes qui conduisaient à la ville épiscopale et alimentaient son commerce. Bientôt on se plaignit et on murmura du manque de denrées et de provisions qui ordinairement venaient de Brioude, d'Yssingeaux et de Langogne. Ses capitaines tenant garnison à Polignac, à Solignac et dans l'abbaye de Doue, multipliaient leurs courses dans les lieux environnant le Puy, attaquaient les convois et pillaient les grosses fermes et les maisons de campagne. Parmi eux se trouvaient des chefs de bandes hardis, d'un caractère rude, prompts pour les coups de main, et tels que les avaient formés et façonnés les guerres civiles dans nos montagnes. C'était Alexandre du Molin, dit le cadet du Pont.... le frère de Guillaume du Molin, seigneur du Pont de Mars ; c'était La Colombe frère d'Antoine La Colombe, seigneur d'Artites. Le sénéchal, en outre, depuis sa scission avec la Ligue, obligé de grossir ses troupes de tous les éléments qui venaient à lui, ne se montrait pas bien délicat sur le choix de ses capitaines. Il employa jusqu'à des chefs protestants, comme le capitaine de Saint-Didier, et Chambaud lui-même qui avait été son ennemi lors du siège de Saint-Agrève. Ajoutons néanmoins que son alliance avec ce dernier ne dura pas longtemps, et que, à peine contractée, on la vit se briser et se rompre.

François de Chattes commanda en personne une expédition contre Saint-Vidal qui s'était rendu auprès de Charles-Emmanuel

de Savoie, duc de Nemours et gouverneur de Lyon, afin de se
concerter ensemble à propos des intérêts de la Ligue. Mais comme
l'ancien gouverneur du Velay ne tarda pas à apprendre que son
rival malmenait ses partisans et remportait sur eux de grands
avantages, il se hâta de rentrer dans la province et de se jeter dans
Monistrol, première ville forte qu'il rencontrait en venant de
Lyon. Il fut assiégé par de Chattes, son plus redoutable ennemi.
Heureusement pour Saint-Vidal, que des troupes de Ligueurs
venues de Saint-Rambert sous les ordres du marquis d'Urphé et du
seigneur de Saint-Chamond, le dégagèrent après beaucoup d'efforts,
Il put reprendre son voyage harcelé continuellement par le baron
de la Brosse et le seigneur de Beaune, lesquels s'acharnèrent à sa
poursuite. Étant inférieurs en nombre ils n'osèrent pas l'attaquer
de front, mais ils tuèrent plusieurs de ses soldats et de ses officiers, entre autres un nommé Jacques Martin, que les consuls du
Puy avaient envoyé à Saint-Vidal, afin de hâter son retour. Saint-
Vidal ne put rentrer au Puy que le 10 mai 1589.

En dépit des secours qu'il amenait de Lyon, sa présence changea
peu la face des affaires. La ville épiscopale n'avait presque plus de
communication libre avec le reste du diocèse, et les troupes royalistes grossissaient de plus en plus, et se fortifiaient chaque jour
davantage. Il fallut donc en venir aux négociations, quoique peu
goûtées par Saint-Vidal, qui eût mieux aimé en appeler aux armes
et aller attaquer dans leurs châteaux forts, les garnisons de son
rival. Une première fois des offres de paix furent faites par d'Urphé et Chevrières et deux envoyés de la reine Marguerite qui était
à Usson. Mais les conférences que l'on tint d'abord à Chadrac puis
au pont d'Estrolhas, n'ayant produit aucun résultat, on se sépara
sans rien conclure et les hostilités recommencèrent. Le sénéchal
resserra autour du Puy, sa terrible ligne de circonvallation, au
point que l'huile, le vin, le sel et même le blé manquèrent aux
habitants. C'était l'effrayant : *Tange os et pellem*, dont parle l'Écri-
ture et devant lequel les habitants du Puy ne devaient plus tenir,
aussi vers le milieu de juin prièrent-ils une seconde fois le seigneur
de Chevrières d'entrer en Velay, et d'user de toute son influence
auprès de François de Chattes, pour l'amener à un traité avec les
Ligueurs, et le traité fut signé le 21 juin à Chadrac.

Il ne devait pas durer longtemps. Les Etats s'assemblèrent à

Espaly le 3 du mois d'août, et dès les premières séances on recommença de part et d'autre de nouvelles et plus vives réclamations. Mais après le 15, quand on eût appris au Puy l'assassinat de Henri III, la scission se fit plus tranchée et plus violente. L'évêque Sénectaire rompit entièrement avec les Ligueurs et de Chattes crut pouvoir profiter des commencements du nouveau règne, pour faire reconnaître dans le pays, et son autorité et celle du prince dont il se disait le représentant. Par la réponse qui lui fut faite, il dut comprendre, si toutefois il ne l'avait pas compris jusque là, toute l'énergique résistance que se préparaient à lui opposer les Ligueurs. Ils tinrent ferme et contre lui et contre le prince hérétique qu'il voulait leur imposer. Dans un conseil tenu le 15 Septembre, ils ne daignèrent pas même écouter la proposition qui leur fut faite de se soumettre au sénéchal, tant ils appartenaient corps et âme au parti de l'Union, qu'ils regardaient comme la véritable et seule cause du catholicisme.

Le sénéchal recommença donc comme par le passé et malgré la trêve de Chadrac qui n'était pas ouvertement rompue, à courir et à ravager les campagnes. Il crut après la victoire d'Arques, dont il eût connaissance au Puy le 8 octobre, que ce serait pour lui une nouvelle et meilleure occasion pour forcer les Ligueurs à l'obéissance. Mais une réponse plus énergique encore que la première, lui apprit que tout accommodement avec eux était désormais impossible : Nous mangerons tous nos enfants l'un après l'autre, lui dirent-ils, plutôt que de reconnaître votre prince héritique en qualité de roi et vous, en qualité de gouverneur.

Dès lors, la guerre fut plus ouvertement déclarée, on arma de part et d'autre. Chattes assembla jusqu'à dix-huit compagnies de gens de guerre, détachées du Vivarais, des Cévennes et du Bas-Languedoc. Les Ligueurs présumant bien que tous ces préparatifs menaçaient leur ville, ordonnèrent de la mettre en état de défense et de la pourvoir de vivres pendant trois mois ; ainsi fortifiés, ils attendirent sans découragement les éclats de l'orage.

Réunis à Espaly le 10 Novembre, les Etats eurent beau prendre des résolutions qui toutes furent en faveur des politiques, l'Évêque en vain adressa t-il des remontrances à ses diocésains, leur déclarant que pour lui il reconnaissait Henri IV comme légitime roi de France, et qu'il considérait comme ennemis tous ceux qui refusaient de se soumettre à l'autorité de ce prince. Ce fut inutilement encore que François de Chattes, fort de la déclaration des Etats et de l'adhésion de l'évêque, ordonna aux officiers de la justice et de la sénéchaussée, de venir sous peine de nullité pour leurs jugements et leurs actes, tenir leurs audiences à Yssingeaux, ni les déclarations des Etats, ni les admonitions de l'évêque, ni les rigueurs du sénéchal ne purent ébranler les habitants de la ville du Puy. Les hostilités recommencèrent plus violentes et elles continuèrent jusqu'à la fin de l'année, avec la même animosité malgré les efforts de plusieurs gentilshommes du Velay, entre autres des seigneurs de Latour Maubourg et d'Adiac qui voulurent plusieurs fois, mais en vain obtenir une trêve.

L'année 1590, ne fut ni plus tranquille ni plus décisive. Il y eut un grand nombre de sièges, un plus grand nombre encore de luttes, de batailles et de conflits, où les deux partis obtinrent tour à tour, des succès suivis de revers. L'avantage néanmoins sembla rester aux Ligueurs, surtout à partir du mois de mai, lorsque Saint-Vidal étant revenu dans le pays à la tête de 4,000 hommes, releva leur courage et obligea ses adversaires à diminuer leurs courses et à tenir leurs deux plus fortes garnisons derrière les murailles d'Espaly et de Polignac.

Mais bientôt la mort tragique de ce vaillant gouverneur changea la face des choses et abattit sinon le zèle et le courage, du moins les espérances qu'avaient conçues les partisans de la Sainte-Union. C'était le 25 janvier 1591, Saint-Vidal et François de Chattes, suivis de quelques-uns de leurs officiers, s'étaient rendus au pont d'Estrolhas, pour continuer des conférences entamées en vue d'une pacification générale dès le 11 de ce même mois. Que se passa-t-il entre ces deux gentilshommes qui furent longtemps et auraient dû être toujours frères d'armes, mais que les événements politiques avaient changé en ennemis mortels. Y eut-il à cette occasion des paroles injurieuses ou menaçantes? Les chroniques sont muettes à cet égard. Toujours est-il qu'on en vint promptement aux armes. Le cadet de Séneujols, qui était filleul de Saint-Vidal, se jeta traîtreusement sur lui et le frappant au front au-dessus de l'œil, d'un violent coup d'épée, il l'étendit mort sur la place. A côté de Saint-Vidal tomba le capitaine Rochette qui l'avait accompagné. Pour raconter cette triste histoire, nous avons emprunté les paroles d'Arnaud et de M. de Vinols; ces deux auteurs, en mentionnant que le duel fut de quatre contre quatre, donnent bien lieu de soupçonner que le capitaine Rochette fut frappé par de Chattes, néanmoins ils ne le disent pas d'une manière claire et positive. Seul, M. Mandet a cru pouvoir affirmer que le capitaine Rochette traversé par la rapière de de Chattes, tomba aussi pour ne plus se relever. Nous comprenons sans doute qu'il est impossible de laver entièrement la conscience de notre héros qui, à notre avis, fut peu délicat dans cette occasion. Cependant après l'avoir reconnu coupable du crime d'homicide effectif, il ne tua pas effectivement son adversaire et ce serait toujours de moins sur ses mains, une tâche de sang traîtreusement versé.

MAISON DE CAILLEBOT

VIII

MAISON DE CAILLEBOT

———

(Ici s'arrête le manuscrit de M. Truchard du Molin.

———

Nous empruntons à M. l'abbé Theillière les renseignements suivants sur la famille de Caillebot (1) dont les armes étaient : *d'or, à six annelets de gueules, 3, 2, 1*.

« Lachesnaye-Desbois fait remonter cette famille jusqu'à René de
« Caillebot, écuyer, seigneur du Mesnil-Thomas, qui vivait en 1454. La
« terre de Champsonels, en Normandie, fut érigée en marquisat, en
« 1673, en faveur de Louis de Caillebot, capitaine des gendarmes de la
« garde, lieutenant général des armées du roi.
« Alliances : de Montbéliard, de Montpinson, de Gillain, de Mareuil,
« de Clermont-Chaste, etc., etc.
« Le nouveau maître de la Brosse se titrait marquis de Caillebot, la
« Salle, et de la Haye du Puits-les-Basses-Normandie, seigneur et
« patron de Viville-la-Martel-en-Caux. Il était chevalier des ordres du
« roi, lieutenant général de ses armées, gouverneur de la province de
« la Marche, commandant en chef de la province d'Alsace, en l'absence
« du maréchal de Contades, sénéchal du Velay, de 1752 à 1789. »

A la fin du siècle dernier, les Caillebot vendirent à la famille Maurin, dont les descendants le possèdent encore, le vieux château de La Brosse.

(N. D. L. R.)

(1) *Armorial des barons diocésains du Velay*, pages 43 et 44.

———

DOCUMENTS

I

Testament de Claude de Lavieu
(5 octobre 1479).

Au nom de Notre Seigneur Jésus-Christ. Amen. Sachent tous que l'an
1479 et le cinquième jour d'octobre en présence de discrète personne
maître Urbain de la Rivoyre, quand vivait notaire royal et de Bonnefoy,
aussi notaire royal et des témoins bas nommés, personnellement établi
noble et puissant homme messire Claude de Lavieu, chevalier, seigneur
de la Brosse, de Poncins, de Farnenches, habitant en ce moment au
château de la Brosse, paroisse de Saint-Martin de Tence, diocèse du Puy,
sain d'esprit et entendement, grâce à Dieu..... fait son testament et
disposition de dernière volonté.

En premier lieu, il recommande son âme à Dieu. Dans ce testament,
sont contenus entre plusieurs autres clauses une institution d'héritier
universel et des substitutions faites par le testateur.

Après plusieurs legs, (est établi héritier universel) noble Dauphin de
Saint-Polgues, seigneur de la Roche-Molière, neveu dudit testateur.
Voici la teneur, des substitutions.

Et parce que l'institution d'héritier est le chef et fondement de tout
testament, le seigneur testateur institue pour son héritière universelle
dans tous les autres biens sa bien aimée et chère fille noble demoiselle
Marguerite de Lavieu, par laquelle il veut que soient payé et acquitté
toutes ses dettes, frais funéraires, legs, œuvres pies....

S'il arrivait que ladite Marguerite de Lavieu décédât sans enfants
légitimes et naturels, il lui substitue et institue pour son héritière noble
Alix de Lavieu, son autre fille naturelle légitime et ses enfants.

S'il arrivait que ladite Alix, sa fille, décédât sans enfants, il lui substitue et institue pour son héritier, noble Jean, seigneur de Saussac, son

neveu et ses enfants mâles, au cas où le seigneur de Saussac décèderait sans enfants il lui substitue et institue pour son héritier noble Bertrand de Saussac, neveu dudit testateur.

Au cas où ledit Bertrand de Saussac décèderait sans enfants, il institue pour son héritier noble Dauphin de Saint-Polgues, son neveu et les siens. Il choisit et nomme pour ses exécuteurs testamentaires noble et religieuse personne frère Louis de Lavieu, prieur de Randan, son frère, noble Antoine, seigneur de   , et noble homme messire Bertrand de Lavieu, son frère, chanoine de l'église cathédrale de Saint-Jean de Lyon.

Fait au château de la Brosse, dans la chambre au-dessus de la chapelle.

BONNEFOY, notaire royal.

II

Au nom de Notre Seigneur Jesus Christ, soit chose notoire et manifeste à tous présens et avenir qui les présentes verront, que l'an mil cinq cent vingt-deux et le dernier jour du mois de mars, très illustre et excellent prince, François par la grâce de Dieu, roi de France régnant, et révérend père en Dieu, messire Antoine de Chabanes, par la grâce divine évêque du Puy et comte de Velay, en la présence de nous notaires royaux soussignés et témoins sous écrits, personnellement établie noble et puissante Dame Marguerite de Lavieu de Poncins, habitante de présent audit lieu de la Brosse, paroisse de Tence, évêché du Puy, laquelle comme bien avisée non par fraude, crainte ni déception ni autre machine introduite, mais comme bien certiorée de son bon gré bonne et libérale volonté, mais ainsi qu'elle a dit, pour elle et les siens héritiers et successeurs avenir quelconque, et pour eux, considérant le salut de son âme, mue de dévotion pour la louange de Dieu et rédemption de son âme et de ses prédécesseurs et successeurs, donne par dévotion pure, simple, perpétuelle et irrévocable faite entre vifs de présent pour nul acte révocable ni pour nulle cause, ainsi perpétuellement et toujours valable et durable au recteur de la chapelle de Saint-Denis de son château de la Brosse qui est à présent, et sera à l'advenir, en augmentant la fondation faite en ladite chapelle par feu messire Poncins, seigneur de la Brosse, son père, ledit recteur absent et nous notaires soussignés pour lui stipulant et recevant pour ses recteurs et successeurs après lui et ce, pour la fondation de deux messes hebdomadaires qui se diront en ladite chapelle de la Brosse à jamais et perpétuellement, une tous les

samedis de l'année de l'office de Notre-Dame à basse voix et l'autre
tous les lundis de l'année à haute voix de l'office des morts, aussi pour
la fondation d'un *Kyrie*, deux *Christe* ensemble d'un dévot oraison
de Notre-Dame, *Inviolata* avec les collectes au pied de ladite oraison
écrites, lesquelles oraisons seront insérées au pied du présent instrument au long et se diront et chanteront tous les samedis de l'année et
veilles des fêtes de Notre-Dame et tous les jours de l'année à haute voix
par ledit recteur, qui est à présent et qui sera pour le temps advenir à
heures de Vêpres en ladite chapelle Saint-Denis, ensemble le psaume *De
Profundis* avec certaines collectes des trépassés, pour laquelle fondation
des susdites messes et oraisons ladite Dame constituante a donné et
donne par donation que dessus, tous et chacuns des revenus et rentes
que ladite Dame prend, loue et réçoit et a accoutumé de louer et
recevoir sur ses hommes de Playne, du Pin, des Beaux, des Mazeaux
et des Reymond, étant hors le mandement de la Brosse et aux man-
dements de Pierre Gourde et Verri,   . Fay et aussi la Seyte
et molins de Varennes, étant devers le mandement de la Brosse avec
leurs émoluments et revenus, contenant lesdits revenus et rentes
argent trente sols, de seigle et d'avoine, poulets et louzines, tout ainsi
que sont nommés et déclarés aux reconnaissances faites par lesd.
tenanciers, au terrier de ladite Dame au pied du présent instrument
écrites et insérées; outre plus a donné, par donation que dessus,
outre les choses susdites, tout un sien pré appelé de Varennes, franc
et noble de toutes servitudes situé au pied du lieu de Varennes et
dans le mandement de la Brosse, contenant environ quatre cestiers de
pré et confrontant....
le dit recteur qui est à présent et les autres recteurs successeurs puissent en faisant le dit office, user et jouir paisiblement, lever et exiger
sans que la dite Dame ni les siens n'y puissent trouver à dire, troubler
n'y empêcher en rien ; et veut que ladite Dame, qu'elle ny ses héritiers
et successeurs, puissent vendre, donner ni aliéner en nulle manière
lesdits revenus ni rentes au préjudice de la susdite fondation, toutes et
quantes fois, et recteurs d'icelles, réservant ladite Dame à ses héritiers
et successeurs la présentation et institution du patronage de ladite
fondation toutes et quantes fois que le recteur d'icelle vacquera et, à
tout ainsi que dessus est dit, a promis et juré ladite Dame constituante
sur les Sts Evangiles de Dieu de ses mains propres touchés pour elle et
pour ses successeurs et héritiers advenir, tenir et observer ladite fondation...... et, pour plus de foi et de fermeté, ladite Dame s'est engagé
soi aussi ses biens meubles immeubles, rentes et revenus à toutes cours
royales de Velay, ordinaires de la Brosse, spirituelle de M. l'official du
Puy et à chacune d'icelles de tenir et observer ladite fondation, ainsi

que dessus est passée, et a renoncé à tous droits par lesquels pourrait venir au contraire des choses susdites.

Fait à la Brosse en ladite chapelle de St Denis, témoins à ce expressément appelés, Pierre Juge, prêtre de Tence, Mr Denis Colomb de Montfaucon, Pierre Moro, de Tence. Et en plus de foi et de fermeté nous notaires nous sommes signés de nos seings manuels desquels nous usons.

Desfayes not^e, Meysonial not^e.

TABLE DES MATIÈRES